19

罗淑研究资料

LUOSHU YANJIUZILIAO

艾以 沈辉 卫竹兰 李国煣 编

中国社会科学院文学研究所 总纂

中国文学史资料全编

现代卷

知识产权出版社

内容提要：

罗淑，现代著名女作家。本书分生平资料，研究论文选编，著译年表、目录和研究文章目录索引等三个部分，全面收集整理了关于罗淑的研究资料。

责任编辑： 马 岳　　　　**装帧设计：** 段维东

图书在版编目（CIP）数据

罗淑研究资料 / 艾以等编. —北京：知识产权出版社，2009.10

（中国文学史资料全编·现代卷）

ISBN 978-7-80247-779-7

Ⅰ. 罗… Ⅱ. 艾… Ⅲ. ① 罗淑（1903～1938）—人物研究 ② 罗淑（1903～1938）—文学研究 Ⅳ. K825.6 I206.6

中国版本图书馆 CIP 数据核字（2009）第 178249 号

中国文学史资料全编·现代卷

罗淑研究资料

艾以　沈辉　卫竹兰　李国煣　编

出版发行：知识产权出版社

社　址：北京市海淀区马甸南村 1 号	邮　编：100088
网　址：http://www.ipph.cn	邮　箱：bjb@cnipr.com
发行电话：010-82000860 转 8101/8102	传　真：010-82005070/82000893
责编电话：010-82000860 转 8171	责编邮箱：mayue@cnipr.com
印　刷：北京市兴怀印刷厂	经　销：新华书店及相关销售网点
开　本：720mm × 960mm 1/16	印　张：12.25
版　次：2010 年 1 月第 1 版	印　次：2010 年 1 月第 1 次印刷
字　数：170 千字	定　价：24.00 元

ISBN 978-7-80247-779-7 / K · 038（2627）

汇纂工作小组
名单

（按姓氏笔画排列）

王润贵　刘跃进　刘福春　严　平

张大明　杨　义　欧　剑　段红梅

编辑说明

中国社会科学院文学研究所向来重视文学史料的系统整理与深入研究，建所50多年来，组织编纂了很多资料丛书，包括《古本戏曲丛刊》、《古本小说丛刊》、《中国现代文学史资料汇编》、《近代文学史料汇编》、《当代文学史料汇编》以及《文艺理论译丛》、《现代文艺理论译丛》、《古典文艺理论译丛》等。其中，介绍国外文艺理论的3套丛书，已经汇编为《文学研究所学术汇刊》9种30册，交由知识产权出版社出版。该书出版后，国内一些重要媒体刊发评介文章，给予充分肯定。为满足学术研究的需要，2007年初，中国社会科学院文学研究所与知识产权出版社商定继续合作，编辑出版《中国文学史资料全编》，将以往出版的史料著作汇为一编，统一装帧，集中出版。

这里推出的《中国文学史资料全编·现代卷》就是其中的一种。本卷主要以《中国现代文学史资料汇编》为基础而又有所扩展。《中国现代文学史资料汇编》的编纂工作启动于1979年，稍后列入国家第六个五年计划社科重点项目。该编分为《中国现代文学运动、论争、社团资料丛书》、《中国现代作家作品研究资料丛书》、《中国现代文学书刊资料丛书》即甲乙丙3种，总主编陈荒煤，副主编许觉民、马良春，编委有丁景唐、马良春、王景山、王瑶、方铭、许觉民、刘增杰、孙中田、孙玉石、沈承宽、芮和师、张大明、张晓翠、杨占陛、陈荒煤、唐弢、贾植芳、徐迺翔、常君实、鄂基瑞、薛绥之、魏绍昌，具体组织主要由徐迺翔、张大明负责。此项目计划出书约200种。至 20世纪末，前后20多年间，这套书由数家出版社陆陆续续出版了80余种，还有数十种虽然已经编就，由于种种原因，迄今尚未出版。“现代卷”包括上述已经出版的图书和若干种当时已经编好而尚未出版的图书。

这项工作得到了中国社会科学院文学研究所和知识产权出版社的高度重视，为此成立了汇纂工作小组。杨义、刘跃进、严平、张大明、刘福春等具体负责学术协调工作，于2007年11月，向著作权人发出《征求〈中国文学史资料全编·现代卷〉版权的一封信》，很快得到了绝大多数编者的授权，使这项工作得以如期顺利开展。为此，我们向原书的编者表示由衷的谢意。为尽快将这套书推向社会，满足学界和社会的急需，除原版少量排印错误外，此次重印一律不作任何修改，保留原书原貌，待全部出齐，视市场情况出版修订本。为此，我们也诚挚地希望广大读者能给予充分谅解。

《中国文学史资料全编·现代卷》出版后，我们将尽快启动“古代卷”、“近代卷”和“当代卷”的编纂工作，希望能继续得到专家学者的大力支持和热心参与。

现代卷汇纂工作组

目 录

生平资料

罗淑小传……3
罗淑生平年表……4

世弥之死（天裔）……10
罗淑死了（谦弟）……12
悼罗淑先生（沙汀）……14
生与死（先忧）
——为追悼世弥而作……16
悼罗淑女士（周文）……18
纪念一个友人（巴金）……20
关于罗淑（黎烈文）……23
忆罗淑（靳以）……26
记罗淑（李健吾）……29
关于母亲的点滴回忆（马小弥）……32
罗淑小记（马小弥）……35
怀念马宗融大哥（节录）（巴金）……47
罗淑生平和创作的一些补充（刘传辉）……51
谈罗淑的思想（艾芜）
——写在罗淑纪念室开幕之时……54
世弥致芾甘信之一（1936年11月）……56

世弥致芾甘信之二（1937年4月11日）……58
世弥致芾甘信之三（1937年5月19日）……59
世弥致芾甘信之四（1937年6月10日）……60

研究论文选编

《何为》后记（巴金）……65
《生人妻》后记（巴金）……69
《地上的一角》后记（巴金）……71
《鱼儿坳》后记（巴金）……73
《白甲骑兵》后记（巴金）……75
生人底气息（胡风）……76
《中国新文学史稿》（节录）（王瑶）……80
论罗淑（樊骏）
——兼及中国现代文学发展演变的若干轨迹……82
罗淑和她的小说（毛一波）……105
《中国新文学史》（节录）（司马长风）……109
《中国现代文学史》（节录）（唐弢　主编）……111
试论罗淑的《生人妻》（也斯）……112
罗淑和她的《生人妻》（沙汀）……118
两篇题材相同特色各异的小说（杜秀华）
——《为奴隶的母亲》和《生人妻》之比较……122
罗淑创作简论（董剑）……131
试论《为奴隶的母亲》与《生人妻》（文天行）……146
论罗淑的创作（尤敏　屈毓秀）……154
罗淑和她的小说创作（周音）……163

著译年表、目录和研究文章目录索引

罗淑著译年表……175
罗淑著译目录……177
罗淑研究文章目录索引……179

编后记……184

生 平 资 料

罗淑小传

罗淑原名罗世弥，1903年生于四川成都。幼年在简阳县老马湾读家塾，后到成都一女师求学。1929年赴法国留学，在法国与作家、翻译家马宗融结婚。1933年回国，在上海南翔立达学园高中部农村教育科任教，兼任小学部主任，并从事翻译和文艺创作。1936年冬随马宗融到广西桂林，同年在巴金、靳以主编的《文季月刊》上发表了她的第一篇短篇小说《生人妻》。这篇作品使她一鸣惊人，引起文坛的注意。1937年夏，她一度回上海，因抗战爆发，去衡阳与马宗融一起同返成都。1938年春，在成都因产褥热逝世，年仅35岁。

罗淑的作品多取材于四川的农村生活，她以朴素生动的文笔描写了四川贫苦农民，尤其是盐工的悲惨遭遇，反映了他们对旧社会的反抗精神。罗淑逝世后，巴金同志汇编了她的三本创作集和一本翻译集出版。

罗淑生平年表

1903 年 **出生**

12 月 19 日，生于四川成都，取名罗世弥。

父罗树屏，原籍天津，是个屡试不第的读书人，清末随一个姓邹的县令到四川安县当幕僚。邹县令死后，罗树屏去职，移居成都。

有兄世安，弟世仪、世泽。

1911 年 **8 岁**

辛亥革命的浪潮席卷四川。

罗树屏为人比较开明，喜欢议论时事，家中订有省内外报纸如《民报》、《申报》等等；又爱读严复、林纾等翻译的西洋作品。他非常钟爱女儿世弥，亲自课读，从不用陈规陋习约束子女。

1912 年 **9 岁**

罗树屏在简阳县海井乡的老马湾买了一处熬盐的灶房，办起了“聚兴灶”，全家迁居老马湾。老马湾地处沱江上游，距县城二十来里。灶房紧挨罗家住宅，有十三四口盐井，雇六七十名工人。来到一个陌生的天地，每日看到的是熬盐工人的非人生活和农村濒临破产的景象，盐工和贫苦农民的悲惨命运刺激着世弥幼小的心灵。

1913 年 **10 岁**

在新思潮的冲击下，哥哥世安要求学习科学和新的知识，进了成都的德文学校。

1914—1915 年　　11—12 岁

第一次世界大战爆发，德文学校关门，罗世安与同学马宗融经上海去日本求学。

十一二岁的世弥跟着父亲学文，已经练得字体秀丽，文章流畅。每天做完父亲规定的功课，她最大的乐趣就是翻阅父亲的书报。她还给哥哥写信，要求把新的知识、新的书报介绍给她。

1918 年　　15 岁

两三千留日学生为反对段祺瑞政府卖国的中日密约，在东京街头示威。世安、宗融积极参加了这一行动。日方派军警殴打、抓人。留学生愤极归国，在上海组织“留日学生救国团”，办起《救国日报》，世安、宗融逐日在街头卖报。

世弥非常同情哥哥的爱国行动，曾写文章，寄投上海的报纸。

1919 年　　16 岁

五四运动爆发。

世安、宗融到法国勤工俭学。

罗树屏延师徐新斋，设立家塾。世弥身着男装，入塾读书，是塾里唯一的女弟子。

1921 年　　18 岁

不满意家塾里教的四书五经，要求上新式学堂，进简阳县立女子学堂。

罗世安被巴黎和会中国代表团雇去做抄写员，一步步踏入外交界，家书渐疏。

马宗融见到世弥给哥哥的信，产生爱慕之情，借口替世安代笔，开始与世弥通信。

1923 年　　20 岁

转入成都省立第一女子师范旧制中学第十班。在这里，她不顾学校禁令，特别爱读《新青年》、《小说月报》等白话刊物。勤奋学习，决心毕业后做一名教师。

1925 年　　22 岁

五卅惨案激起全国人民反帝怒潮。

参加成都学生的罢课运动和反对日本帝国主义的斗争，被同学选为代表，与其他学校联合举行了反对帝国主义屠杀我同胞的大会。

1927 年　　24 岁

升一女师高级中学师范科第二班。

马宗融自法归国，在上海写信给世弥，向她求婚。世弥答说首先要完成学业。

1929 年　　26 岁

夏，毕业于一女师。

对宗融的求婚终于作出了肯定的答复。9 月下旬，宗融赴川接世弥到上海，在宝光里第一次见到巴金。

9 月底与宗融去法国里昂，不久即结婚。宗融在中法大学当学监，世弥在该校补习法语。

1930 年　　27 岁

入里昂大学学习教育，并考察了法国的一些小学和幼儿园。

悉心研读有关法国大革命和巴黎公社的史料，爱读雨果、左拉、罗曼·罗兰和当代作家的作品。

认识到盐灶应属熬盐的工人所有，曾经给父母写信，请求父母把盐灶分送给盐工。此事在乡间盛传一时。

7 月 17 日生女小弥。

1931 年　　28 岁

九一八事变。渴望回到苦难深重的祖国。

1933年 30岁

父亲、四弟吸食鸦片，家业日衰。父母相继去世。

世弥结束学业，不愿稽留海外，不顾哥哥世安的劝阻，与宗融一起，毅然带着女儿回国。

冬，在上海郊区南翔立达学院农村教育科教书，兼任小学部主任。立达学园是五四运动的先驱匡互生等创办的一所新型学校，提倡教育和劳动生产相结合，学生参加学校管理，师生参加劳动。世弥和学生一起种菜、浇地、挖沟、做饭、切磋学问，日子过得新鲜有朝气。她开始从事翻译，萌发了进行创作的欲望。

马宗融在复旦大学任教。

1934年 31岁

搬进上海市区，住拉都路敦和里。文艺界的朋友们常到她家里去。

有一天，世弥对黎烈文说，她小时的生活和四川的一些特别情况，很可以写成一部长篇小说。黎说长篇比较难作，起初不妨从材料里抽取一个片断，写成短篇或中篇，以后如有必要，再联贯成长篇。世弥极赞成这个意见，开始背着人写小说。

1935年 32岁

译《棺材商人》（普希金作），发表在《译文》终刊号上。

译《耶稣降生的槽边的牛和驴子》（J.苏贝维勒作），发表于《文学季刊》二卷四期。

1936年 33岁

巴金把1928年在巴黎塞纳河畔一家书摊上买到的车尔尼雪夫斯基的《何为》法译本拿给她看，她表示愿意翻译，一个多月后译出交巴金。4月，《何为》由文化生活出版社出版。

6月15日，世弥、宗融和鲁迅、茅盾、巴金、靳以等人一起，签名发表《中国文艺工作者宣言》。宣言指出："一种伟大悲壮的抗战摆在我们的面前的现在，我们绝不屈服，绝不畏惧，更绝不彷徨，犹豫：我们将保持我们各自固有的立场，本着我们原来坚定的信仰，沿着过去的路线，加紧我们从事文艺以来早就已开始了的争取民族自由的工作。”

9月，处女作《生人妻》在巴金、靳以主编的《文季月刊》一卷四期上发表，由巴金替她署上“罗淑”的笔名。小说引起文坛的重视，许多熟人想不到罗淑就是他们朝夕相处的世弥。

短篇小说《桔子》在《作家》一卷六号上发表。

短篇小说《刘嫂》在《中流》一卷二期上发表。

这一时期的译作还有：

译罗曼·罗兰的《贝多芬笔谈》，发表在《译文》杂志新一卷二期。

译P·玛尔格里特的《白甲骑兵》，发表在《译文》杂志新一卷四期。

译T·雷米的《决心》，发表在《译文》杂志新一卷六期。

年底，良友图书公司出版由二十位作家评选的1936年《短篇佳作集》(1937年版)。《生人妻》经鲁彦推荐得以入选。

秋，马宗融去广西大学任教，世弥带着两三篇没有写成的小说原稿携女随同前往。

1937年　　34岁

七七事变发生，日本向中国发动大规模侵略战争。

世弥怀孕，宗融带着女儿送世弥回沪待产，住姚主教路(今天平路)树德坊。宗融返桂林途中，“八·一三”沪战爆发。宗融世弥在通了几次电报之后，决定到衡阳会合，而后返川。

宗融在四川大学任教，借住成都泡桐树街一所小院落里。

世弥不顾身心的劳瘁，努力想用她的笔为抗战服务。

12月4日，《群众》周刊第一期刊登了世弥写的《八月十三日的早晨》。

12月20日，成都《新民报》“国防文艺”周刊第四期刊登《〈流民三千万〉观后感》

1938年　　35岁

1月1日，《群众》周刊第五期刊载《谁在和谁打》。

1月6日，《四川日报》“文艺阵地”周刊第五期刊载《在车厢里》。

1月15日,《群众》周刊第7期刊载《被难者》。

以上五篇散文写的大都是“八·一三”以后上海人民在日寇侵略下的苦难和抗争。

2月9日生子绍弥。

2月27日上午10时，以产褥热病故。葬于老西门外沙湾马宗融家族的墓地。

3月6日、7日,《华西日报》连出两刊“纪念罗淑逝世特辑”，沙汀、周文、陈翔鹤等撰文哀悼。

4月间，世弥遗作《井工》发表于《文丛》第一卷第六号，编者前记中写有悼念文字。

《文艺阵地》、《文丛》、《涛声》等刊物均撰有悼念文字。

世弥之死

天　裔*

世弥死了，——今天得到这么一个打击人的消息。

我知道世弥，是在八年前，那时我在上海，宗融回川结婚的时候，后来他们出川去国外，我和葭又回川来了，于是我们便错过了见面的机会。前年，我读了她译的《何为》，便引起了我对她的敬佩。这倒不仅为了译笔的流畅；像这样的一部好书，要迟到这个时候才介绍到中国，可说是文化界之耻，但同时，译者的认识，和这译的动机，更是值得人感谢的。

去年听说他们回川来了，我便很想见见她，后来在《群众》上，读到她写的一些短文，虽说是一些急就的断片，但却使我对她发生更深一层的好感。她的天真与丰富的同情，流露于字里行间，于是想见她的心更切了。

寒假得暇，到成都，才会见了她。那时她将要生产，已经在医院里了。虽说是初次见面，彼此似乎很亲切的，竟如久别的老朋友一般，真诚坦白的谈着。给我最好的印象，要算是她态度的温雅了。她不十分美丽，但有一种自然纯朴之美，一种真实而无隐的灵魂之美，一见便在我心里唤起了敬爱之心。当我要离开成都的前一日，还到医院看过她来，那时她因为生产过后，身体有些不适，谈了几句，我便告辞了。唉！谁知这一别，便成了我们的永别呵！

* 天裔——原名邓天裔，是罗淑的朋友。20年代的女作家，现是成都锦江中学的退休教师。

今天晚上，得到谦信，说“世弥病故医院”，我得到这个消息后，我的心便跳动得很厉害，我真不相信我的眼睛，总觉得是把字看错了。于是翻来重读了一遍，天呀，那上面不明明写着“世弥病故”几个字么?

人的生死，本来是不能预料的，而且，“死”便是人类自然的归宿，是还自然的债，与“生”有同样的严肃而平凡，不过这在生者却是太难堪了。因为，死者生前的一切，处处都可以引动生者的追忆。

近来，我感觉到，人生旅途上的茫然与孤独的悲哀。在茫茫的大世界里，同道的旅客实在是太稀少了。世弥便是这旅途中一个指路者。她生在人间，人生的旅途上，便多一盏灯光，她死了，旅途的道路，便显得有些黑暗了。

“死”在我，原引不起我的恐怖，更不会想躲避过死。人只要一死了，什么恩爱愁怨都完全消除，这原是最好的逃避现社会的办法。尤其是对于生活太感疲倦，而已经没有生的意志的人。而且，人只要一死，你在生前所有的一切罪恶，别人都会原谅，都会牵强的来颂扬你，说你如何如何的伟大，好像你一生只是伟大与崇高的化身，国家民族会因你一个人死而蒙受多大的损失那样。我们世弥自然不是这样的人，她的好处，是用不着装饰的，她同我们一样是个平凡的人，生前，她有她真理的认识，也有她自己的人生观，我想，她是忠实于她的信念的。因之她死后，更用不着人们来为她追谥什么什么。她的精神，她的人格，自会活在我们的心里。她，虽不会立出遗训，但求真理的人是会循着和她的一般无二的道路而迈进下去的。

望左右，同路者是如此的稀少。前面的一个已经倒下去了！这对于生者原不是一种引诱，反而是一种神圣的责任的交付的鞭策。

从死者身边拾起扣子来，越过死者，而把“死”抛在背后，——我用此来勉励我自己，并以告死者。

1938. 3. 2 于乐山女中

（原载1938年3月6日《华西日报》）

罗淑死了

谦　弟*

"死"，在我们展开了反侵略战争，予打击者以应惩的今日，不但不会令人恐怖，而且还会给人带来新生的勇气。无论在前线，在后方，凡敌人的大炮和飞机可到达的地带，都有不少的人死掉了，所以在这个大时代里，死都是生的坦道。如果我们大家没有死的决心和勇气，是不会走出民族复兴的血路来的，中华民族的苦难生活是将永恒地存在着而不能善的。

我们每一听着前方的壮烈牺牲的英勇抗战的消息，自己就难免歉然，虽感到在后方生活太舒适无聊，但总是很高兴的，好象沉重的负担从肩上卸下，感觉到轻松一般。

每当有人死去，我总是高兴引用安特烈夫在《往星》中说的："每天每秒钟都有人死，我们何必为一人流泪呢？"的话来自慰自勉，真可说，对于人的死，我是很少掉过同情的泪的；为此，也曾有人批评过我太冷了，"太矫情了"，我觉得无话可说。但自己的思想形成了这一范畴，是为了什么，此刻我是说不出来的。

罗淑这一次在惜字宫街仁济女医院因生产前打麻醉针，产后吃金鸡纳丸，在医生保证无危险，而竟至于在上月 28 日 10 点零 5 分钟死去，一棺长盖，与人世永别了，我在见着她的八岁的女孩号泣，宗融泪不成声的哭说："人已经死了，怎么办？"时，我是无声的流着泪了，

* 谦弟——原名张履谦，是罗淑的朋友。1957 年逝世。

我是无声地流着愤怒的泪了！

我觉得这次罗淑死是枉死的。大半系误于医生不听她说有心脏病而妄打麻醉针，我们要移医院诊治时，医生向我们说病有把握治好的欺骗话。

在今天我们想着即将殡葬于老西门外沙湾的死者，我们一方面是痛恨仁济女医院对于病人的命作为儿戏的治疗，不负责任，而另一方面，我们也感到成都无一完善的医院为人治病所铸成的我们的遗憾，是无法弥补的了。

对于这无法弥补的遗憾，绝不是我们对死者的热泪、惋惜可以赎罪的，我们要减轻对死者的歉疚，只有向造成这“人面兽心”的医士的不名誉的社会宣战，鼓舞起来，将死者所译的《何为》告诉我们的女性，使反叛精神散布在每一个妇女的脑子里！

1938. 3. 4　出殡前二日午前10时草于外南华西

（原载1938年3月7日《华西日报》）

悼罗淑先生

沙　汀

自己是写小说的人，所以平时特别留心创作。大约一年多前，我拜读过《文季》上的《生人妻》，很高兴，因为作者用她的笔给我们尝到了农民和人世的凄苦，何况当时又正在异地，而那小说的背景则恰是我久别了的四川。

我把我的喜悦说给荒煤听：由于我得知这作者罗淑，她原是马宗融先生的夫人，寓所和我的只隔有两条马路。

现在，我已记不清当时有没有想过要和她谈谈的愿望，但是回到成都以后，一天，葛乔对我说，马宗融先生回来了，他还见到罗淑，并又笑着说，这位罗淑，他原来早就认识！同在成都学联会当代表，为着争取教育经费的独立。此外，他又告诉了我一些罗先生当日的英勇行动。

隔了三四天，我便去拜访他们，但只会着宗融先生。此后的几次也一样。后来在文艺界的聚餐席上虽然见面一次，却没有交谈过。不久，我回自己的家乡去了。

就在前天，我去泡桐树街作为返省后第一次的拜访。我会见了马先生，但他哽咽着说，世弥死了！世弥即是罗淑先生，这我是知道的。她曾经用这名字介绍过一部车尔尼雪夫斯基的《何为》。

慰问过为悲戚所压倒的主人，我恍恍惚惚走出来了，于是想道：这里有一个人，她曾经在我们这艰苦的道路上填过一些砖石，但她还有许多事要做的，能做的，以年龄并未到死的时候，而她逝世了！

哀念之余，谨此祝福她的在天之灵。

3月4日

（原载1938年3月7日《华西日报》）

生 与 死

——为追悼世弥而作

先 忧[*]

在两个多月以前，我在《华副》上正发表我的题名叫《生》的一篇短文的时候，我自己的姐丈便在那时死了，接着我妻的表兄也死了，于是我的思想便不得不被引到“死”这个字上面去。我便回忆着死去了多年的拾遗，所以就写了一篇《记张拾遗》，被《华副》的排字工友误为《张拾遗记》的文来纪念他，又想着了我的庶熙亡弟，苏道璞亡师……

成都自从放过两次防空警报后，许多人都向着外县逃避，无论男女老幼都表现着对于死的恐怖，“死”是多么可怕的一个字！

世弥为着生小孩而入医院，小孩生了，现在还是好好地生着；世弥却死了，现在整整已死了一礼拜了。

我与她见面前后总共不上十次，却是每次见面都给我一种很深而很好的印象；因为她完全具着一种爽直坦白的态度，决没有丝毫普通一般妇女的忸怩姿态。她脸上满露着生的喜悦，决想不到她竟自会在一礼拜前就死去了。我和她见第一次面的时候，她向我们追述着她们在回川的途中，她的女儿如何地奔跑着去赶上快开的火车，她接连着说了几遍；“一个小孩对于求生之欲是如何地强烈呵！”这句话的余音

* 先忧——原名吴先忧，罗淑的朋友。“五四”时期《半月》杂志的编辑，原华西高中的校长，1962年病故。

还随时在我的耳里；但是这位赞美“求生之欲”的世弥便死了。

她不但翻译了《何为》一书；指示着青年生活之路；并且还时时给青年以实际的生活指示，巴金的弟弟——采臣——离了学校后的生活，几乎大半都是受她的指示。

许多不知道怎样生活的人偏偏生活着，许多夺取他人的“生”来为自己的“生”的人也偏偏生活着。能够知道怎样生活，能够自己实际奋斗，并且还能指导许多青年生活的人却偏偏死了。这不但是与世弥关系最切的丈夫，弟兄和子女的不幸，简直可以说是人类的大不幸，人类的损失！

世弥虽不是直接死在分娩之中，但是使她致死的病却是因生产小孩而发的。小孩生了，现在还好好地生着，她本人却死了。小孩得着了生命；她却丧失了生命了。她为着要给小孩的生命便自己牺牲了生命。这可以给我们一个大大的教训。我们要纪念世弥，我们就该要瞧着她所给我们指示的生活之路去好好地生。

在若干时间后我们也还是和她一样有走到“死”的道上的一天。不过我们不要对于“死”字恐怖，也不要想着死而悲哀。只是我们自己要对于我们的“死”有所准备。我们应该好好地生，却还是应该好好地死。

我们应该谨记着：世弥是为着给他人的生命而自己丧失了生命。这就是我们“生”的路，也就是我们“死”的路。

1938年3月4日晚

（原载1938年3月7日《华西日报》）

悼罗淑女士

周　文

几年来，我们中国接连出现了好几位有力的女流作家，单从这一方面看来，就表明着我们这不愿做奴隶的中华民族新的生长。在这几位当中，一现生就为读者大众所敬仰之一的，就是罗淑女士。女士的第一篇小说《生人妻》在《中流》半月刊❶上发表时，批评特别推荐，而为读者所爱好。单是这篇《生人妻》就表现了我们的作者怎样燃烧着满腔的热情和悲愤，为被侮辱与被损害的妇女挺身抗议的姿态。我们的作者不但长于写作，同时还善于翻译，曾用了“世弥”这笔名翻译了俄国前进作家车尔尼雪夫斯基的名著《何为》，已在文化生活出版社出版。这书描写的就是一些在战斗中的新的男女的性格，这被我们的作者选择为她的译本，并不是偶然的。

我和女士的会见，是在上海，几次都在宴会席上，差不多没有直接谈过话，因此也就不知道《生人妻》的作者和《何为》的译者就是女士，然而女士的大方，豪迈，没有一点庸俗的脂粉气，也没有一点玩世不恭的态度，而是一面是谦和，一面是勇敢合成的特质，给了我一个很深刻的印象。直到去年11月我们到成都来会见时，大家谈起往事，我才恍然于众口所称道的就是女士。并且从此知道，女士在不断的创作了之后，还计划了许多新的，来献给我们的抗战，献给我们每个不愿做奴隶的同胞。本来担负了抚育一个爱女之劳，又怀了孕的女

❶ 实为《文季月刊》

士还时时刻刻把文艺事业放在第一位，热烈的执着社会，这种锲而不舍的奋斗精神，也只有新女性中才有的。

在我们这事事都落后的四川，而尤其是这加强长期抗战的时候，在文艺方面妇女方面，许多人都正热望女士来共同奋斗，呐喊，谁知竟在生产期间被庸医所误杀了！这在文艺界中失去一位有力的能手，在妇女中失去一位勇敢的先导，而在我们整个中华民族中失去了一位很有希望的战士！这无论从哪方面说来，都是不小的损失！

在这样的心境下，要写几句追悼之词是不可能的，然而我不能不写，不能不痛惜，因为我们失去了一位很有希望的战士了！她是曾经尽了她最善的努力，而且是才赠给了我们一些，将来还有更多赠给我们的！

（原载 1938 年 3 月 6 日《华西日报》）

纪念一个友人

巴 金

我想不到我会来写这样的文章，记忆逼迫着我写。记忆使我痛苦。甚至在这个人的命运被联系在民族的命运上的时代中，我还受着个人情感的熬煎。我不说我们民族的损失，固然世弥（即罗淑）是中国的一个优秀的女儿；我不说我们文坛的损失，固然世弥的作品显示了她的未来的光荣的成就；因为在侵略者铁蹄的践踏下，许多青年有为的生命，许多卓绝的文学人才已经变成了白骨黑灰。为了一个民族的独立和生存，这样的牺牲并不能算是昂贵的代价。许多人默默地死去，许多人默默地哀悼他们的死者，没有谁出来发一声不平的怨言。我也没有权利把我个人的悲痛提出来加在这许多人的悲痛上面，促他们多回顾“过去”，给他们多添一分苦恼。他们需要是“遗忘”，要忘记过去的一切，要忘记灾祸与悲痛，象唐·吉诃德那样地投身在神圣的抗战中去。

然而我不能够抑制个人的悲痛，我无法补偿个人的损失。这一个友人的死给我留下的空虚，到现在还不曾被填补。记忆逼迫着我写，悲痛逼迫着我写，为了我自己，为了我的一些朋友，我要写下这篇关于世弥的文章。

世弥是一个平凡的人，甚至在她的外貌上也看不出一点锋芒。她写过文章，但她的文笔并不华丽，那里面有的是一种真实朴素的美。她不喜欢表现自己，她写文章也不愿意让朋友们知道。她把她的热情隐藏在温厚的外表下。许多人说她是一个贤妻良母型的女性，却少有人知道她是社会革命的斗士。在我们这一群人中间，有时因了意见的分歧会损害友情，个人的成见妨害到事业的发展，然而她把我们大家（至少是我们中间的一部份人）团结在一起。她的客厅仿佛成了我们的会所，但我们并不是同时去的，我们个别的去，常常怀着疑难和苦恼去求助于她。她象长姊似的给我们解决问题，使我们得到安慰和鼓舞。她的思虑十分周到，她的话语简单而有力量，我们都相信她，敬爱她。

她有一种吸引力把许多朋友拉到她身边，而且使他们互相接近了解，一个朋友被人追缉得最厉害的时候，他到上海来总是由她和她的丈夫款待，他就住在他们家里，或者她替他转信。那个朋友也是我的友人，艰苦的环境使他的头发在几个月内就完全变成了白色，但是他的精神却并没有衰老。今天他还在汉口做了“朝鲜民族解放联盟”的一个负责人，忙碌的工作反而使他更年轻了。他应该记得三四年前他来上海要世弥转告我说外面有不利于我的风传，她也曾两三次关切地劝我行动要谨慎。我感谢他们的关心，但我觉得并没有这必要。又有一次我受了一个朋友的嘱托，从日本海军陆战队布岗警戒下的虹口带了一支手枪，一百颗子弹和一包文件到她的家里寄存。她毫不迟疑地接收了它们，让它们在她的家里放了一年，到她离开上海时才让另一个朋友拿去。这些事倘使她活着，她一定不让我说出来，而我也不便写，但是如今她和我已经成了两个世界的人。我不曾当着她的面说一句感激的话语，我知道这会使她不高兴。然而这时候思念割痛我的心，我愿意让人知道我们从她那里得过的恩惠。要是这触犯了她，她也会原谅她的这一个朋友，因为这是最后的一次了。

我不敢想，有时候我甚至不能相信世弥的死讯是真实的，去年 9 月 8 日上海西车站的分别仿佛还是昨天的事。上海沦陷后她和宗融打过急电来探问我的安全，又屡次写信劝我离开“孤岛”。我答应今年到他们那里去。如今我失了约，而她也不能活着来责备我了。

这三四年来，我在生活里、事业上遇到各种麻烦。我究竟缺乏忍耐。我不能从容地应付一切，常常使自己被束缚在一些苦恼中间。朋友不宽恕我，仇敌不放松我，我不能严格地纠正自己，我反而让自己陷在绝望的心境中。好几次我带着气愤到她那里去申诉，她仔细地开导我安慰我，甚至指正我的错误。她知道我的弱点，我的苦恼，我的渴望。但她决不姑息她的友人。我是在朋友们的督责下生长起来的。

她便是那许多朋友中间给了我帮助最大的一位。但是如今我不知不觉间就失掉了这样一个友人。我的悲痛不是没有原因的。

我唠唠叨叨地叙说我个人的损失，我太自私了。我们许多人中间失去这一个连锁，那损失比我个人的更大。而且就个人的悲痛来说，我们大家敬爱的马大哥，我认识他在他和世弥结婚以前，只有我知道世弥在他的生活里，情感上占着什么样的位置，只有我知道世弥是他的一个怎样的不可分离的生活与工作的伴侣。他们九年来始终没有分离过。如今一只残酷的魔手把她抓了去，永远不放回来。留下他一个人带着那个聪明可爱的小弥和一个新生的孩子，在那间空阔的屋子里，八岁的小弥天天嚷着要"妈妈"，新生的孩子又无知地啼哭等着人喂奶。做一个这样的父亲，不知道会费掉几多的心血。对于在书堆里过惯生活的马大哥，我简直不敢想象他的悲痛，我不能够安慰他，因为他的灾祸是太大了。但是我想借用马志尼劝慰赫尔岑的话来劝他。

勇敢些，你要抑制悲痛，不要叫你的精神破碎了。我常常以为我们的亲爱的人的死会使我们变成更好的人，你的义务乃是去做一切她所欢喜的事而不去做任何她所反对的事。……

现在正是这时候了。

别了，我永不能忘记的友人，我不再用言词来哀悼你。我知道你不喜欢我这样做。我还记着你的话，你不愿意在这样的年纪早早地死去，你更不会愿意在你渴望了几年的抗战的烽火燃烧的时候寂寞地闭上你的眼睛，但是你已经尽了你的职责而躺下了。你留下这么深的敬爱在我们中间，你可以安静地休息了。我们失去了你这样一个连锁，可是我们已经坚实地团结起来，你的手所放下的火炬，也将由我们接过来高高地举起。我们会把它举得更高，使你的和我们的理想早日实现，我知道那会是你最快活的时候。到了那一天，你会活起来，活在我们的心里，活在我们的理想里。

1938年4月广州

（原载《文丛》1938年6月第2卷第2号）

关于罗淑

黎烈文

在乡下病居了几月，初来广州，看到一班离别多时的朋友，整天在敌机威胁下镇静地工作，觉得中国前途非常有望，心里真怀着无限的欣喜，无限的兴奋。

但当一位朋友无意中把罗淑的死讯告诉我时，我那颗愉快热烈的心上，便顿时搁了一个冰袋。我不愿说我那时受着怎样的打击，但我却感觉沉重压迫，并且几乎窒息着了。

罗淑会这么快的死去！而且是和我的妻严冰之一样，因为产后发热被“西医”所误！我们所信仰的“西医”会给我们杀去这么多聪明有用的女人！——据我所知这就两个了；还有多少同样死去的女人不为我所知道呢！罗淑近年努力著译，她的聪明才智还不过一点表现；而我的女人在国外辛苦多年，刚刚毕业回国，就给“西医”送进坟墓，一点成绩也没有，所以我在悼惜罗淑之死时，另外还有一层悠远深沉的哀痛。

我认识罗淑，不过是四年前的事情，那时她和马宗融兄带着一个小女孩刚由法国回来不久，我和一位留法同学沈炼之兄一道去看他们，罗淑第一次给我的印象并不怎样深刻，我那时毫不知道她有文学的天才，我不过把她当作一位普通朋友的太太看待，觉得她举止大方，谈吐不凡罢了。而这在一个曾经留学海外的女性是并不算得什么的。

后来因为许多朋友的关系，我们便往来得勤了。宗融和罗淑都很亲切坦率，并且非常好客，差不多每次去了就留吃便饭，有时从午后一直闲谈到深夜。我们的友谊一天天增进，同时罗淑的文学才能也渐渐地给我们发现出来。那时我们正在办《译文月刊》，取稿的标准比较高，但罗淑在治理家事的余暇，给我们译的几篇法文稿子，却颇受到朋辈的推重。

可是，罗淑能够在文坛一鸣惊人，突然引起大家的注意，还是由于她的创作《生人妻》和别的几个短篇。

她在从事创作之先，自己似乎没有多大的自信。有一次她和我说，她小时的生活和四川的一些特别情况，很可以写成一部长篇小说，当时我便极力劝她尝试；不过，我的意思长篇比较难作，起初不妨从那些材料里抽取一个片断，写成短篇或中篇，以后如有必要，再将几个短篇或中篇联贯成一部长著。这意见很得到她的赞成。

那时我们有好几个刊物需要文稿，宗融很忙，我们对他没有办法；罗淑比较闲空，而且她的《生人妻》和其他几个短篇，在读者群中引起了极好的印象，我们便竭力地怂恿她写作，可是她对写作的态度是那样矜持，是那样郑重，自己稍不如意的作品便毁了重写，却轻易也不愿意拿出发表。她没有多多满足一班朋友的要求，但她却保存了自己全部作品的品质的优美。她宁肯写得少而精却不愿多而滥。她在写作上也没有脱去一个聪明女子应有的爱娇的本色。前年秋季，她带着两三个没有写成的中篇原稿，和宗融飘然到广西去了。

是去年暑假，战事发生前一个多月，宗融夫妇带着小孩突然转回了上海，在山水甲天下的桂林住了一年的罗淑，虽然经过长途劳顿，我觉得她的面色比从前还好了一点。她一见面就郑重而又热切地告诉我，她已经代我找到了一个续弦的对象。她说为使小孩得到良好的教养，我是必须续娶的。我虽笑着辞谢，她却说得愈加严肃，而宗融也在一旁附和着，弄到我几乎无言可答，后来虽因我意兴消沉没有成为事实，但良友的关切，我是时时感念的。

宗融回广西后，罗淑因为有孕，留在上海就医，她在法租界姚主教路租了一所有着一个小小庭院的幽静的房子，她预备在那里努力工作，尤其是对创作方面，她有许多计划。一班朋友也都因为她得着那样好的环境，替她欣幸，相信她在文坛不久定有比《生人妻》还要可喜的贡献。哪里知道寇氛日亟，上海近郊转瞬成了战场。罗淑在她那幽静新居还没有住到一月，就又追踪她的丈夫到广西去了；后来因为宗融突然在广西失业，他们一家人便转回了故乡成都，而罗淑竟以生产之故，在那儿结束了她的最有希望的前途。

看到《文艺阵地》上的消息说，因为罗淑之死，宗融最近也瘦多了。我心里虽怃然有感，却想不出什么话来安慰宗融。我是过来人，知道宗融的损失是无可弥补的。这样深切的悲痛决不是朋友的空言所能安慰。我也想拿罗淑从前劝我的话来劝宗融："为使小孩得到良好的教养，必须续娶。"但我总觉不忍出口，并且我想宗融那样至情之人，暂时也未必能够接受吧。我现在想劝宗融的，是对于生死的事情请稍为达观一点。现在国家遇着这样大的危难，军人的壮烈牺牲不用说，就是老百姓，每天也不知要死去几百几千，我们的一条生命又算得什么！罗淑生前不是一个非常爱护祖国和正义的女子吗？现在她先我们走了，她的一份责任便分散在我们后死者的身上。并且她的死，仔细推究起来，也可以说是倭寇之赐。因为如果没有战事，她去年暑后一定留在上海，上海的"西医"虽不一定可靠，但产后的病痛实无必死之理。这样说来，我们是更有着替她复仇的义务了。因此我希望宗融忧伤之余，不单要保重身体善抚遗孤，我还希望他能振作精神，给正在抗战中的祖国做点事情。这样睡在地下的罗淑才会瞑目。

5月2日于福州

（原载《文丛》1938年6月第2卷第2号）

忆 罗 淑

靳 以

对于个人的死亡而表示过份的哀伤，在如今的时日，似乎是不必要的。但是当着我想到她，便使我写出了她的名字。——一张苍白而慈祥的脸顿然就在我的记忆中辉耀起来；对于宗融，她是一个贤良的妻子；对于小弥，她是一个好母亲；对于我们，她是一个姊妹样的友人；而对于许多读者，她是一个被崇敬的新作家。

和她相识是在我两年前到上海的时候，在那一段时日中，我见到了许多新的友人，可是能使我很快就厮熟了的几个友人之中，他们是其中的两个。我是不大能和生的友人熟起来的，尤其是女人，见了的时候脸就先红起来，有话也说不出；可是遇到宗融，他仿佛就是我的老大哥，罗淑呢，俨然就如自己的姊妹。这并不是由于谁来强自分派，完全是自自然然地就觉到这微妙的关系。

她是极关心我们的，我们时常赶到她的家里去吃饭，那时候也许他们已经吃过了，饮菜还没有拿下去，她安排我们坐下之后，不知什么时候就不见她了；可是过些时她随着女仆和新添的菜肴又走进来，一面说并不是要加什么菜，实在是因为我们欢喜吃这两样菜。饭后我们的闲谈就开始了，什么话都说起来，一直到深夜才告辞，于是走出他们的前门，和××一路谈着走回自己的住所。

读着她的《生人妻》的原稿的时候，我们已经相识了几个月，好象那还是由××带给我要我看一看，在她那朴质、优美的笔词之外，还有两处刻心的真情的插叙打动了我（后来别人的批评也都说到那两点），好象那天晚上我们就又见到了，我坦白地告诉她我的意见，她有一点羞赧似的谦逊着，在我说话的时候，我的头低着，当时我很激动，面对着一个友人来说自己真心想说的话的时节我常是如此；可是当我抬起眼睛来，立刻就看到她那极兴奋的眼光里含了些莫名的感激之光，——那不是因为受了别人空妄的阿谀，那是因为一个苦心的创作者作品中的心血不曾被人忽略时所应有的衷心的喜悦。

《生人妻》得到许多读者热烈的赞扬，可是她并没有就大量地写下去。她时常和我们说起她又在写一篇，许久许久也不见写出来，问到的时候她就和我们说在写着呢。烦琐的家事搅着她自然是一个原因，而她对于写作的严谨不苟的态度，确是更大的原因。

有一大节时日她随宗融住到广西，到暑假他们又回到上海。她说她想安静地在上海住半年，宗融为了教书的事，又到广西去；她和小弥，住到树德坊的一所小屋里。

不久，上海的抗战就起来了，我还记得我和两个朋友，因为一切交通工具都断绝了，走了极长的一条路去看她。宗融既不在上海，我们自然应该来照料她。可是她却很镇定，说起了宗融，她就说他一定慌了。果然没有几天，宗融就打来电报，要她决定离开上海。那时候她显出一点焦躁，那并不是为她自己，却为了宗融。她让我们为她决定去留，我们也不能说什么，谁知道一切会变成什么样子？但是她终于决定走了，在她行前的几天，我们天天去到她的家中，很象有许多话要说又说不出什么。我象预感到有什么不祥将降临在我们的头上，我并没有想到她会死去，我只想到将来相见也许较难了。为了掩饰自己的不安，我常拉了小弥到庭院中做稚幼的游戏。小弥是活泼的孩子，她欢喜和我玩，我自己也正好躲开了一向不善处的窘境。

到她走的时候我们一齐送她上车站，人很多，我们只能在栅栏那里和她握别。我们象失去了什么似的走回去，每个人怀了一个空虚的心胸，炮声和机关枪声正断续地响着，头顶上的空中正有几架日本的飞机在盘桓，象一群觅食的饿鹰。那时候我忽然记起她在大世界前落炸弹之后和我们说的话："总算好，我们的熟人还没有遭到牺牲，这总是一件不幸中的幸事。我想我们不会死的，也不该死的……"我恐惧地想到也许她乘坐的列车会遭到残酷的魔手，或是我们被落下的一颗炸弹完结了生命。很可庆幸的是我的一切想头都属空幻。我们知道她经过千辛万苦的跋涉，终于和宗融回到了故乡。我们正推开了沉重的苦闷的心情，欣慰着他们的安宁，却又来了那不幸的消息，我突然地震惊了，和××默然地对坐，过了许久时候也不知道说什么才好。她那温和的语调还宛然在耳，苍白的脸型恍惚也在目前：可是我们已经是两个世界里的人了，遽然间我怎么能相信呢？我想这中间一定有错误的，是我的耳朵和我的眼睛，还是那盲目的命运错误了呢？

我重复地说，为了个人的死亡不该过于哀伤，在这次抗战中，多少人直接地间接地了结了他们的生命。如果没有强暴的敌人，我们一定都安宁地活着。如今他们躺在路边了，他们一具具的尸骸正是我们的计程石，要我们清晰地记得和我们敌人的仇恨有多么长多么远，前面还有更艰苦的路要我们这些生存者来走，抹去了一切想象，勇敢地踏上去，不要回顾，一切都刻在心上，是的，我一切都刻在心上了，在一些不相识不知名的死难的同胞之外，我清晰地在我的心上刻了“罗淑”这两个字。我极力忍住我的悲恸，如今那一笔一划都流着血，淌着泪，因为我认识她，我敬爱她，她是一个象姊妹一样的友人。……

（原载《文丛》1938年6月第2卷第2号）

记 罗 淑

李健吾

那一年读《生人妻》，觉得很不错，名字生生的，我就问巴金兄，不然就是问另一位熟朋友，“作者罗淑是谁？很有希望。”他让我猜，说是我和作者相识。我胡思乱想了一阵，猜不出这个人是谁。我做梦也没有想到就是“老马”的太太。钦敬两个字需要距离，等我发觉友谊圈子中间不声不响跳出一位我所景仰的作家的时候，我的蒙昧好象一种过失，惶愧而又喜悦。

1935年我来到上海教书，寻房子寻在拉都路北口，正和一座俄国教堂相邻。朋友告诉我说，“老马”住在这儿不远，所以等我回北平把家小接来之后，他是老大哥，我是小兄弟，吃年夜饭，打麻将，谈他和宗岱兄打笔墨官司，谈他和卓吾哥哥在法国念书，尤其是谈小孩子，因为“老马”夫妇有一个非常可爱的小天使，只会说法国话，招惹大家喜爱……一句话，我们都是比邻而居的好朋友。大概不到半年光景，我们迁到真茹乡下去住，除去我在教员休息室会见“老马”以外，几乎很少看见他的太太，除非是在索非兄家里。

和“老马”一比，他的太太处处呈出明显的对照。身子不高，说起话来也不那样杀势汹汹，一切温文尔雅，细腻体贴，莫怪朋友们把她看做贤妻良母的表率。她不大在谈吐之间流露才情，如大多数不凡的女留学生，然而有说有笑，大大方方，好象一个永远亲切的姊妹。她说些家长家短，没有什么高深的道理，让我明白这里有着一颗澄明的女性灵魂。没有一丝丝假，不造作，也不愚騃，平平常常，亲亲热热，正因为这样，她的人世的知识不惊人，却相当厚实。下面是巴金兄的回忆，我完全和他同意：

> 世弥是一个平凡的人，甚至在她的外貌上也看不出一点锋芒。她写过文章，但她的文笔并不华丽，那里面有的是一种真实朴素的美。她不喜欢表现自己，她写文章也不愿意让朋友们知道。她把她的热情隐藏在温厚的外表下。许多人说她是一个贤妻良母型的女性，却少有人知道她是社会革命的斗士。在我们这一群人中间，有时因了意见的分歧会损害友情，个人的成见妨害到事业的发展，然而她把我们大家（至少是我们中间的一部份人）团结在一起。她的客厅仿佛成了我们的会所。

世弥是她的名字，她的笔名叫做罗淑，那是巴金兄为她随便起的，如今她以这个笔名不朽了。

我说错了，她以她留下来不多的几篇文字活在人心。这些文字并不闪闪放光，正如巴金兄所说："并不华丽"，有一种生活本质上反映出来的"真实朴素的美"，她不夸张，然而她有感情；她爱人类，然而她不呐喊；她在默默之中写些她生活过的材料，亲切，因为不勉强；本色，因为她不似若干女子，沿着身世凄凉之感的传统的路子写些哀怨的词句。这是一个正常的开端，也是一个最稳当的开端……然而，天不假以年，她在产后误于内地的"西医"夭亡了。

现在，我的面前放着她的三本薄薄的遗作，《生人妻》、《鱼儿坳》和《地上的一角》。活在里面是些穷苦的强壮的可怜人物，默默为生活挣扎，不平的念头时时在他们肺痨的胸脯涌起，随即平息了，也许更要吃苦地默默为生活挣扎。他们给我真实之感。这些四川佬，时代的激流还没有尾随洋货一同被他们享受，好象畜生，忠实而又诚实，围着富贵的人生兜圈圈，后蹄子伸了起来，一鞭子下去又缩了回去。特别是那些关于盐厂的断片小说，把一个我从来不曾接识的世界展给我看，似乎还没有第二个作家注意这个偏僻角落……我奇怪一个女孩子，虽说是本乡人，从什么地方知道了那么许多，而且不是假想的，观念的，因为任凭你有本领织补，永远要有破绽留在针线之间的。这就是有内心生活的女子的厉害所在，她们的缄默似乎表示一无所睹，然而她们是什么也看了进去。她们天生有“慧眼”的，罗淑就是这样一位。

6月25日

（原载《文艺复兴》1946年7月第1卷第6期）

关于母亲的点滴回忆

马小弥

我的母亲罗淑，1903年生，四川简阳人，原名罗世弥。

当年，我的外祖父在简阳海井乡开了个熬盐的“聚兴灶”，有六、七口盐井，雇十六、七个工人。盐井深二、三十丈，井口很小，只能容碗口大小的竹筒伸入井里汲取盐水。取盐水、熬盐巴是十分繁重的体力劳动。盐工们成年累月拼死拼活地干，到头来还是食不果腹，衣不蔽体，过着非人的生活。“聚兴灶”附近农民的生活，也跟盐工们同样悲惨。年幼的母亲目睹劳动人民的生活惨状，感受着他们忠厚、淳朴、善良的品质，小小的心灵里，很早便播下了对受苦人深深同情的种子。

母亲幼年，在乡间读私塾。外祖父见她天资聪颖，文笔清通，便把她送到成都一女师去读书。她是第十班的学生。女师在当时已经是很开明的学校了，教授物理、化学、数学，乃至外语。但是在语文课上，依旧只讲《左传》、《论语》等老古董。五四运动后，随着新思潮的高涨，《新青年》、《小说月报》等进步白话刊物传到了成都。母亲如饥似渴地阅读、思考，在新思潮的熏陶下，成了一个反对军阀统治、反对封建主义旧文化的新女性。

我的舅舅罗世安和我父亲马宗融是中学同学。由于舅父的关系，父亲结识了我的母亲，当时她年纪尚幼。第一次世界大战后，父亲和舅舅一同赴法勤工俭学。父亲热烈地追求母亲，书信往还了八年之久，才于1928年回到四川，将母亲接到法国里昂结婚。在法国，母亲一直学习法国文学。她十分爱读法国的罗曼·罗兰、俄国的车尔尼雪夫斯基等人的作品。

母亲热爱自己的祖国。初到法国，舅舅带她去巴黎游览，逛完以后，她对我舅舅说："一样的朱门酒肉臭，路有冻死骨，不见得比我们简阳好。""学成之后，我马上就回国去。"1931年"九·一八"事变后，日寇占领了东三省。母亲怀念苦难深重的祖国，一心要回国。在1933年，她终于不顾亲友的劝阻，毅然登上归途。在回国的轮船上，一个比我大得多的德国男孩子抢走了我的洋娃娃，我哭着去找母亲。母亲大怒，对我说："为什么让个德国孩子抢走你的东西？你要是不去夺回来，就不是我的女儿！"说完，"砰"的一声把我关在房舱门外。我当时只有三岁，在母亲的激励下，鼓起勇气，夺回了洋娃娃，反败为胜。抗战期间，父亲多次用这件事教育我说，作为一个中国人，必须有志气，不能向外侮低头。

母亲回国后，曾在上海南翔立达学院高中部教书。她和学生关系融洽，亲如一家。和学生一起，在自办的食堂里轮流烧饭做菜。一年后学校搬迁，我们住进上海市区，母亲就没有再出去教书。

1936年，父亲带着全家到桂林广西大学教书。1937年夏天，父亲带着我，送身怀弟弟的母亲回上海待产，然后便只身回桂林去了。恰逢"八一三"日军侵沪，全面抗战爆发，母亲怕父亲悬念我们，就拉扯着我去找父亲。一路备受艰辛。最后在衡阳会合，一起回成都。母亲原有心脏病，经离乱折磨，力竭心衰，竟未能如愿地投身抗战，分娩后十八天就离开了我们，这时她才三十五岁。母亲去世后，父亲痛不欲生。国难家仇，激起了他对日本侵略者的无比痛恨，他积极参加了重庆的抗日文化活动。1946年日寇投降后，我们回到上海，父亲又投身于党领导下"大学教授联谊会"的活动，反饥饿，反内战，反迫害，遭复旦大学解聘，解放前夕在兵荒马乱中死于贫病。

在母亲的许多朋友看来，她是个贤妻良母型的人，真诚大方，犹如一个亲切的姊妹，朋友们常常会自然而然地向她打开心灵的窗户。他们最初没有注意到，她同时还是一个非常勤奋的人。在回国后短短的时间里，翻译出版了车尔尼雪夫斯基《怎么办》的节译本（当时的书名《何为》），并不声不响地练习搞创作。她以朴素生动的文笔，描写了家乡一些贫苦农民和盐工们的悲惨生活，反映了他们对吃人的旧社会的愤懑和反抗。正如李健吾伯伯所说的，母亲留下的作品虽少，可是她那些关于盐厂的片断小说，当时“似乎还没有第二个作家注意到这个偏僻角落……”。

感谢巴金伯伯，是他发现了母亲的创作才能，以极大的热情，鼓励她写作，帮助她改稿，使她的创作有了发表的机会。《生人妻》发表后，在文艺界引起注意。当许多朋友知道罗淑就是他们所熟识的罗世弥时，都大吃一惊。无论在上海，或是在桂林乡下，妈妈得空就写，写，写……她去世后，我翻看过她的文稿，见有不少是没有写完的稿件。有一篇写完了的，描写一对贫病交加的知识分子夫妻。大概她总在那里探索、练习。总觉得还不够好，不肯轻易拿出来。

母亲去世已经四十二年了。多年来，她的许多朋友一直没有忘记她，常常叹息着怀念她。解放后，英文版的《中国文学》刊登了她的作品。文化大革命中，有些无知的人竟诬之为“流毒全世界”!

母亲去世得太早了！我当时年纪太小，不谙世事，对于这样一位母亲，知道得实在太少，每每想起这些，更增加我对母亲的痛悼和怀念。上面说的这些“点滴”，将永远作为无价的珍宝，深埋我的心底。

1980年3月3日

（原载《罗淑选集》，1980年10月四川人民出版社出版）

罗淑小记

马小弥

一

罗淑（原名罗世弥）于1903年12月19日生于四川成都。她的父亲罗树屏原籍直隶，是个屡试不第的读书人，清末在绵竹县县令邹某手下做过钱粮师爷。邹县令死后，罗树屏把家搬到成都，为谋生计，于1912年在简阳县城北二十余里的老马湾买下了六七口盐井、一处熬盐的灶房和一所与灶房相连的住宅，又把家从成都搬到老马湾。

罗淑的母亲是罗树屏的继室，1899年生长子世安，四年后生罗淑，之后又生了两个儿子世仪和世泽。

罗淑九岁的时候，从繁华的成都来到乡间，一切都觉得新奇有趣。她爱老马湾。这儿是个竹木蓊郁的偏僻山坳，背后丘陵起伏，脚下沱江蜿蜒南流。深红的土壤，层层的梯田，墨绿的橘子树，浅绿的甘蔗地，竹林深处星星点点，住有几十户人家。

老马湾里井杆林立，大小有十来家灶户，好几十口盐井，二三百个井工，空气里整日弥漫着一股酸腐的卤水味道。相传这里最早的盐井是官府押着“犯人”到这里来开凿的，早年间这一带的山上有许多犯人住过的洞穴，“官山”（即无主的荒坟山）上蓬蒿没膝，蛇盘狼踞，荒冢里埋着许多异乡盐工的枯骨。然而一代又一代，还是有许多无以为生的他乡贫苦农民到这里来吃“咸水饭”。山间小路上往来奔忙着为灶户背煤、挑盐、割草的零工，沱江边的浅滩上印满了纤夫的脚印。

罗淑的家就在老马湾的半山坡上，竹映树掩的浓绿之中。进得一扇黑漆大门，右边是盐工们吃饭的大厨房，左边是牛棚和干草堆；登上几级台阶进入二门，便是南北厢房；帐房、客室、小厨房和罗淑的兄弟们住的屋子都在这里；最后一排坐西朝东的正屋，才是树屏夫妇带着罗淑居住的地方。正屋左边通一所小小的花园，里面种着梅花、丁香、玉兰和芭蕉，屋后高耸着一株疙里疙瘩带喜鹊窝的大鸡屎树。

北厢房的外侧，紧挨着就是熬盐的灶房。灶房没有墙，不过是几根木柱子支着一片简陋的瓦屋顶罢了。里面是一片令人惊心动魄的景象：一排四口大热盐锅，每口锅的直径都在二米半左右，终年日夜不断地翻滚着大白泡。那舀盐水的大木杓，起盐的大铁铲，都不是普通人举得起，使得动的。灶匠从头至脚被煤烟熏得漆黑，尤其是脸，乌黑一团，只看得出两个白眼珠，枯瘦如柴，像鬼怪一般。盐灶砌得很低，几与地平，灶匠添盐水的时候，万一被煤烟和水蒸气迷糊了眼睛，就有失足跌下沸腾着白色溶液的盐锅的危险。起盐的时候更是艰险，要把达几百度高温的炽红的巨大盐块从大锅里撬出来，抬到地上逐渐冷却。稍一不慎，就会滑进锅里烫死。

盐井开在山坡的高处，每口井日日夜夜总有一个面黄肌瘦、短手短脚，十一、二岁的小老么，驱牛绕着木制的车盘转，用辘轳把盐水汲上来，再由筒匠把盐水倒进地盆。盐水通过埋在地下的楠竹筒，汩汩地汇入半山坡盐灶房的那四口大锅，每天熬出上千斤白花花的盐来。

在这个方圆数里的小山坳里，有许许多多穷苦的人为了生活默默地挣扎在饥饿线上：濒于破产的贫苦农民、发育不全的放牛娃、累死拼活的灶匠、筒匠，背煤、挑盐的男女脚夫、匍伏在地挣扎着向前爬行的纤夫……。灶户、管事和盐务局骑在他们的头上；小酒店、烟馆和暗娼麻痹着他们的神经。扎着短辫子的罗淑就在这样的小山村里，渡过了她的少年时代。

二

罗树屏是一个白皙、瘦弱的人，不善理财，嗜鸦片，家业一天天败落下来。他索性把志趣放在读书上，生意委给帐房先生。虽然住在偏僻的乡间，他却非常关心天下大事，订了好几份报纸，用文言翻译的外国作品，也一一买了来读。他非常注重儿女的教育，特别疼爱聪敏的小女儿罗淑，亲自课读，不用种种繁琐的家规去束缚她。罗淑到十来岁的年纪，便已经能作文，书法也工整，家中的书报，时常翻了来看。

长子世安十二岁的时候，树屏公就要他去帮助帐房先生料理灶上的事务，但他也不曾放松儿子的学业。每天晚上，他都要世安到隔壁的泉茂灶去，和邓家灶主的孩子一起读晚课。这年正是辛亥革命之年，革命党正闹得红火。四川人民反对清廷把川汉铁路的修筑、管理权拱手送给英、法等外国，成立保路同志会，在全省范围内发动了如火如荼的保路运动。同年11月，清朝陆军一个叫夏之时的排长，集合官兵二百余人，在成都简阳之间的一个叫龙泉驿的地方宣布起义，不久四川也宣布了独立。消息传来，简阳为之震动。树屏公家里订着《民报》、《神州日报》、《民立报》等报纸，他又极爱探讨时事，家人来客朝朝暮暮谈的，离不开这次轰轰烈烈的革命，大家都很兴奋。在这股浪潮的冲击下，世安也不甘心终日埋头在帐本里，他要求和别的青年一样，到成都去上中学。树屏公深喜儿子聪明有志气，马上答应。世安立志学医，于1913年十四岁时进入德国西门子电机厂在成都办的德文学校学习。1914年学校停办，世安为了继续学习德文，和同学马宗融一起跑回老马湾，向父母要求到重庆去读书。马宗融是个回族青年，比世安大七岁，高大魁梧，热情爽朗。树屏公被世安和他纠缠了好几天，终于答应让他们去重庆读书，给了盘川。不料两个少年去的并不是重庆，而是千里之外的上海！树屏公这一气非同小可，罗老太太也几乎哭瞎了眼睛。他们一致认为世安上了宗融的当，受了宗融的骗，把宗融恨入骨髓。当时罗淑已经十一岁了，半懂不懂的。她只觉得新奇，崇拜见多识广的哥哥。她立志要和男子一样刻苦读书。当父亲生气不肯给哥哥回信的时候，是她在妈妈的支持下，给哥哥写信、寄钱。

世安和宗融在上海住了年余，又去了日本。后来因为参加留日学生的东京街头游行，反对段祺瑞政府卖国的中日军事密约，被日方驱逐回国。他俩在上海加入留日学生救国团，参加《救国日报》的发行工作，之后就在1919年到法国勤工俭学去了。

就在世安去法国的这一年，树屏公办了一个家塾，聘请了一位德高望重的老先生徐新斋来执教。家塾里除了罗淑和她的两个弟弟世仪、世泽而外，还有邻近邓家灶户的三个子弟，以及徐先生的儿子徐敬臣。罗淑是家塾里唯一的女孩，那时已经十六岁了。她行止大方，言语庄重，一身男装：马褂长袍，瓜皮小帽，一根粗大的辫子端端正正垂在脑后。家塾里沿墙摆着六个男生的课桌，上方正中坐着老师徐新斋。老师的身后通一间小小的内书室，蓝布门帘垂着，罗淑就静静地坐在门帘后面听老师讲课。遇到需要老师个别辅导的时候，老师就跨入内书室，单独给罗淑讲解。

然而家塾里教的那些经、史、子、集越来越不能满足罗淑的需要。1917年《新青年》已经在提倡白话文；1919年，五四运动的春风吹到了成都。报纸上出现了讨论妇女问题、劳动问题的专号；有不少文章是反对封建文化，反对帝国主义列强侵略中国的。五四时期在四川相当有名，写过《说孝》、《吃人的礼教》等文章的吴又陵（吴虞），是树屏公的相识，对罗淑颇有影响。

世安在家里一向和妹妹最好，自从离开了家，树屏公一直不肯原谅他的不告而别，很少给他写信。这样，世安和妹妹之间的书信来往就多了起来。他把自己的所见所闻，自己的遭遇和感受，一一讲给妹妹听。他忧国忧民的心情和投身反帝救国活动的行为，深深地感染着罗淑。新思想激励着罗淑的心，她希望走出海井，到外面的大世界去看看；她不愿再读经书，渴望学习新的知识；她想要像哥哥那样去学医，学外文，或者学点别的实实在在，能够救国救民的东西。

1921年，罗淑请求父亲允许她去上新式学堂，树屏公迟疑了一阵，也就同意了。这时，他已经年逾花甲，身体十分虚弱。更兼家道败落，拂意之时多，称心之日少，既然自己已经不行了，为什么不让女儿出去闯闯呢？

当时的简阳有好几所外国教会办的学校，也有一所简阳人自己办的学校。罗淑进的就是这简阳人办的女校。女校毕业后，她于1923年转到成都一女师，上了旧制中学的第十班。这时她近二十岁，在老马湾已经是个应当出嫁的大姑娘了。1927年，她又进了一女师的高级中学师范科第二班，立志毕业后做一名教师。

三

一女师当时在成都以“管教严、学风好”著称，学生中有很多是殷实人家或军政要人家的“闺秀”，但也有不少普通人家的女儿。学校里窗明几净，肃穆幽雅，校长天天要亲自下来巡查，窗棂、书橱都要用手仔仔细细摸过，要求一尘不染。学生夏天穿白衫，秋冬穿蓝布衫，黑裙黑袜，头上的发辫盘成精致的小髻，出入校门若不坐轿，必须结伴而行。那时成都的封建势力还很强，学校里一般没有女教员，男老师来上课时，有一名监学坐在教室里进行监督。这些监学可以任意拆阅学生的书信，盘诘学生的私生活。学生们憎恶这些监学，给她们起绰号，有一个监学干脆就叫Tiger（虎）。

旧制中学虽说依然要学《礼记》、《左传》、《易经》、《烈女传》等老古董，但也添了物理、化学、数学等新课程，还有两位传教士教授英语。正课而外，学校里禁止看“闲书”，《水浒》、《红楼》、《西厢》等都在明令禁止之列，新的白话小说就更不用说了。可是，不论学校的管教多么严，清规戒律如何多，新思潮的传播是封锁不住的。罗淑最爱买书，越是禁看的书越是要买了来看，尤其是《新青年》、《小说月报》等进步的白话刊物，更是爱不释手。

罗淑从不放松自己的学业，但也不一味埋头读书。社会动荡变化，祖国在遭受列强蹂躏，她那颗年轻热烈的心再也平静不下来，她成了令校长头痛的活跃分子。

1925年孙中山先生逝世，同学们纷纷商议要召开追悼会纪念，校内的保守势力极力反对。罗淑当年的同学至今犹清楚记得，是她在同学们中间响亮地提出："追悼一位革命家是理所当然的事，我们不管那些顽固派！"

五卅惨案，在全国各地激起了反帝国主义的怒潮。四川学生和各界人民纷纷响应，游行示威，抵制日货。女学生原来流行秋瑾式的"东洋头"，这时也不梳了，改为髻子。罗淑被推选为学生代表，毅然出席了与外校联合举办的反对帝国主义屠杀我同胞的大会，带回来一些标语贴在学校门口，还把全体同学集合起来，宣讲大会的情形，大呼口号："反对列强瓜分中国！""还我台湾、琉球！"同学们义愤填膺，眼睛鼓得红红的，罗淑脸色发白，呼声最高。

在反帝反军阀的斗争中，罗淑结识了比自己低一班的好朋友朱正珊、余继文、唐世兰。她们志同道合，形影不离。她们不怕抛头露面，时常结伴出校游玩。春天，她们到青羊宫去赶花会。世兰爱兰草，正珊爱牡丹，继文爱菊花，而罗淑最爱梅。秋天，四个朋友去逛武侯祠，高声朗读石刻的《出师表》，正珊说："我钦佩武侯治国之才"；继文说："我景仰武侯的忠义智能"；罗淑说："我领会了诸葛武侯的一片爱国丹心"。不过罗淑并不一味偏袒刘备，她认为"曹操重视文事与武功，广罗天下才智之士，横槊赋诗，一世之雄，不是刘备、孙权所能比的"。

在罗淑的亲友中，更流传着这样一个故事：有一年的农历二月十五日，风和日丽，罗淑和十多位同学到青羊宫去赶花会。刚刚走出二仙庵门，忽见几十个佩盒子枪的弁兵蜂拥着一个四十来岁中等身材的瘦子迎面走来，拦住了女学生的去路。这帮不怀好意的丘八嬉皮笑脸，围着女学生指指点点、评头论足。学生们惊惊惶惶，往后躲藏不迭。罗淑本来走在后面，见了这般情况，就挺身上前，义正辞严地对为首的那个人说："你这个人太岂有此理，怎么怂恿兵丁如此无理。男女都是平等的，要互相尊重，也应当自爱。"一个马弁大吼："这是我们的石旅长！"罗淑说："我们是文庙街一女师的学生，将来是要做教育学生的老师的。你既是一旅之长，就应当懂道理，为了表率，把为国为民的事放在心上，为什么这样不知礼仪？奉劝阁下好好约束自己的部下，不要惹事生非。"一席话说得那人目瞪口呆，半晌说不出话来。憋了半天，只说了一句"承蒙指教"，拱拱手，悻悻然带着兵丁们走了。这时老百姓才围过来说，女先生真了不起，刚才那个人是土匪出身的混世魔王石肇武，军阀刘文辉的干儿子，无恶不作的。罗淑听了，也有些后怕。回到学校，校长批评罗淑说，这种事可一不可再，万一出点事情，太不值得。罗淑说："人是战斗的动物，我们十来个人被他们围住，若不背水一战，怎么脱身呢？"

四

世安、宗融到了巴黎，一面做印刷工人，一面勤学法文。世安文字清通，写得一笔好字，脾气又温驯，很快被华侨协社看中，请去当了一名办事员。不久又被推荐到参加巴黎和会的中国代表团去帮忙，从此一步步踏入外交界，当了别人的秘书，成了一个小官。

世安当了外交官以后，家书渐疏，后来索性不给家里写信了，阖家惊慌。罗淑去了许多信追问，杳无消息。一天，忽然来了一封寄自法国的笔迹陌生的信，大意说，令兄世安忙于事务，无暇写家书，嘱我代笔，云云，署名是马宗融。全家的不安和忿怒是可想而知的，又是这个马宗融！他欺骗我们一家，拐走了世安，如今又来要什么鬼名堂。世安不来信，一定是他在作梗。谁要他代笔，不理他！罗淑没有理睬宗融，照旧给哥哥去信。回信来了，但署名的还是这个马宗融。忍无可忍，罗淑客气地，然而也是坚决的，请马先生不要再替哥哥代笔。哥哥并非不会写字的文盲，为什么要别人代笔呢？

原来留学生初到法国，挤在一起住小阁楼，吃干面包的时候，谁家里来了信，是要大家共读的。人人都想家，都想从自己的和别人的家书里，获得一点家乡的消息。罗淑那一手秀丽的赵体，优美的文笔，流露在字里行间的那种追求光明，想为国家作一番事业的志气，是怎样地赢得了同学们的尊敬啊。当她开始用白话给哥哥写信的时候，大家又是怎样的惊讶。同学们都认为，如果她是个男儿，一定能中状元，或者考个洋博士。然而她……可惜呀可惜，却是个女孩儿！……哪里，这才好呢，宗融心花怒放了。那年他到老马湾的时候，罗淑还只是个扎着小瓣子的十一岁的毛丫头，想不到现在成了一个有才学，有胸怀的新女性了。他借代笔的机会，向姑娘表示了钦慕之情！

罗淑仍旧没有理他。

不得已，宗融只得请罗淑代为禀告老伯，世安的确没有时间写家书，他天天晚上出门去跳舞，热恋着一位意大利少女，快要结婚了。他竭力反对这桩婚事，但已经拿世安无可奈何。

这消息对于老马湾的罗家犹如晴天霹雳。树屏公亲自执笔给世安写信，责备他行为不检，嘱咐他千万千万不可带一个洋媳妇进门。树屏公忘掉了宗融是怎样的可厌可恶，竟反过来恳求他以大哥哥的身份，好好开导世安，务必不能让他失于检点。然而父亲的责备，母亲的眼泪和朋友的劝告都不起作用，世安还是在1925年和那位意大利姑娘结了婚，一点也没有回国的意思。

宗融和罗淑的通信却从此多了起来。他是个性烈如火的人，信也写得热情奔放。不过他在罗淑面前，总是谨言慎语，驯顺异常。他俩通了八年信，罗淑对他的追求，总是矜持地回答：等我毕了业再说。当年简阳的姑娘，不到二十岁就要“放人户”，过了二十，便算“老姑娘”，不容易嫁出去了。然而罗淑在女师一直读到二十五岁才毕业。父母亲为了她的终身大事，心焦如焚，劝呀，说呀，她只有一句话：“我要把书读完。”当时罗淑的小姊妹里，已经有几位嫁给了权贵，她的四弟世泽也和父母商量，想把姐姐嫁给成都的一位师长，罗淑抵死不肯。她决心嫁一个志同道合的读书人。这时宗融已从法国回到上海。1929年夏，罗淑终于毕业了，宗融在上海收到她一封称他为“马哥”的信时，欣喜若狂，径直奔了简阳去。老马湾的山水依旧，而宗融已进入中年，罗淑也长成个端庄、贤淑的大姑娘了。

罗老太太见了宗融，泪眼里含着笑，似嗔似喜地拿手指头指着他：“拐走了我的儿子，又来拐我的女儿呀！”世安没有一起回来，二老深感痛心。他们额上添了皱纹，头上添了银丝。树屏公的腰弯得更厉害，一刻也离不开烟灯了。罗家二老悲悲切切，送罗淑上了路；罗淑却十分兴奋、快活。她要飞出这小天地，去寻求新的生活。她不是男子的附属品，她有独立的人格。她不带嫁妆，也不要聘礼，短短的头发，素淡的袍子，拎了个小箱子就跟着宗融走了。亲戚们祝贺她好福气，有的说：“这下好了呀，老马来带你出国了！”罗淑正色道：“男女平等，不是他带我，是我同他一起到法国去读书。”

五

罗淑怀着一颗激动的心，来到雨果、左拉、巴尔扎克和罗曼·罗兰等伟大人物的故乡。这个有着光荣革命传统的国家，一向对她有吸引力。每当她读到关于1789年的法兰西革命和1871年巴黎公社的史实时，她那年轻的心里总是充满了激情。她跟着哥哥走遍巴黎，一遍又一遍地拜访那些她在书本上读到过，又一再引起她联翩幻想的地方。她先在里昂中法大学补习法语，之后就进了里昂大学，习教育学、心理学、社会学等课程，并就地考察了法国的一些小学和幼儿园。

到法国的当年，她和马宗融结了婚，次年生女儿小弥。罗淑白天上课，女儿就寄养在一个法国保姆家里。保姆的丈夫是个纯朴的铜匠，独生子在第一次世界大战中被德国人打死了。善良的保姆一提到德国侵略者就咬牙切齿，想起儿子就潸然泪下。她一心一意疼爱寄养在她家里的小弥。每天晚上，快乐的铜匠让小弥骑在他的脖子上，一路唱着歌，把她送还给她的妈妈。罗淑和铜匠夫妇亲如家人，回国后还时常通信。

"九·一八"事变后，罗淑回国的心情一天比一天迫切。她渴望为祖国做一点事情。哥哥世安却不同意。他这时在巴黎做外交官，住了一套虽说不大却很舒适的房子。他那意大利妻子是个黑发褐眼活泼可爱的时髦女郎。世安认为，日本军队入侵东北，国内政局动荡，说不定什么时候就会打起仗来，为什么不舒舒服服的在国外找个工作？罗淑认为，自己到法国是为学习，不是为享洋福，国难当头，正好回国去做一点于国家有益的事情。兄妹俩僵持了年把，最后吵了一场，妹妹对哥哥说："你走你的阳关道，我走我的独木桥，"兄妹分道扬镳。哥嫂留在国外，继续过外交官的生活；妹妹诀别哥嫂，和宗融一起，带着小弥，于1933年回到了上海。

到了上海，宗融在复旦大学教书，罗淑在市郊南翔的立达学园高中部农村教育科教书，兼任小学部主任。立达学园是1925年匡互生与沈仲九创办的一所新型学校，提倡教育和劳动生产相结合，学生参加学校的管理，师生都参加劳动。各人按照特长与爱好，分别养鸡、种菜、养蜂，师生轮流做饭烧菜。课程有农业生产、园艺、社会科学、教育等。

南翔是个美丽的地方。树木、田野、小溪之间，疏疏落落几排平房。罗淑在这里和学生一起种菜、浇地、挖沟、做饭、砥砺学问，日子过得新鲜，充满朝气。她买了一只山羊，让小弥也学着喂羊。罗淑在这里开始从事翻译，萌发了进行创作的愿望。

南翔的宁静生活不久就结束了，罗淑随宗融搬到上海，在拉都路敦和里租了一幢三层楼的弄堂房子。罗淑家务之余就潜心翻译。她翻译的第一部作品是车尔尼雪夫斯基的小说《怎么办》的法文节译本（罗淑译作《何为》，1936年上海文化生活出版社出版）。之后，她又为《译文》月刊和《文学季刊》翻译了普希金的《棺材商人》、保罗·玛尔格里特（著有不少关于1870年普法战争及巴黎公社的小说）的《白甲骑兵》、雷米（曾获得1936年度法国平民文学奖金）的《决心》和罗曼·罗兰的《贝多芬的笔谈》等，受到朋辈的推重。她通过翻译加深了对名著的理解，更从一些从事写作的友人那里受到启发和感染。有一次她对黎烈文说，她小时候的生活和四川的一些特别情况，很可以写成一部长篇小说。黎烈文便极力劝她尝试，不过，他认为长篇比较难作，劝她从短篇开始。她接受了这个意见，悄悄地埋头写起短篇小说来。终于，她怀着兴奋、期待的心情，把她的处女作《生人妻》交给了巴金。

巴金比罗淑小一岁，谦和的外表下有一颗热烈的心。当他发现新文学的园地里增添了一名辛勤的园丁，而这园丁又是他的姊妹般的友人时，他非常感动，非常欣喜。他以极大的热情鼓励她写作，帮助她修改，并且替她在稿子上写了一个“罗淑”的笔名，交给靳以拿到1936年9月号的《文季月刊》上去发表了。

《生人妻》发表以后，引起读者广泛的注意。许多朋友赞美它，却不知道作者就是他们常常见面的罗世弥。此后，朋友们竭力怂恿她写作，可是她对写作的态度是那样郑重，自己稍不如意的作品便毁了重写，轻易不愿拿出来发表。继《生人妻》之后，她又在《中流》杂志上发表了《刘嫂》，在《作家》杂志上发表了《桔子》，同样得到了读者的好评（《井工》是在《文丛》杂志上首次发表的）。

1936年秋，不安定的教书生涯迫使宗融到广西大学去，罗淑带着两三个未成篇的原稿，也跟着到了桂林。那时已经是民族抗战的前夕，政局动荡，各种势力都在重新组合。

1937年夏，因世弥怀孕，宗融把她送回上海待产，在姚主教路树德坊为她租了一所幽静的房子，就又独自一人回桂林去了。殊不知他刚刚离开上海，就响起了“八·一三”的炮声。宗融在去广西的途中，心急如焚，连连打急电回上海。罗淑怕他扑回上海会遇到危险，在和友人们商量之后，决定只身带小弥到衡阳与宗融相会，然后一起回成都。那时的上海已是一片战乱的景象，晚间闸北一片火光，大世界也中了炸弹，小菜场里没有菜，米店不卖米。火车站人山人海，买不到火车票。是巴金和他的弟弟采臣，几经周折才设法给罗淑买到了车票，在9月8日那一天，把她和小弥送上了火车。想不到她与巴金这一别竟是永诀。等罗淑遇合了宗融奔回成都，她已是心力交瘁，精疲力竭了。

在成都，宗融到川大教书，罗淑在泡桐树街一所种有梅花和玉兰的幽雅的小院落里家居待产。虽说产期将临，又患有严重的心脏病，她却没有放下她的笔，间或还为报纸及小刊物写点短文。

不到农历新年，罗淑就住入四圣祠的仁济女医院，1938年2月9日生下一个男孩。产后不几天，她开始发烧，是产褥热。一个天主教庸医误了她。宗融见势不好决定转院的时候，罗淑已经无救了。1938年2月27日，罗淑结束了她年轻有为的生命，终年35岁。

她葬在成都老西门外沙湾，宗融家族的墓地里。一抔黄土，一块白石红字的墓碑，一丛矮树编的短篱。痛不欲生的宗融在她的墓旁为自己留了一席之地。

罗淑去世以后，《华西日报》接连两天刊载了纪念她的专辑。她的未完成的遗作由友人巴金替她整理出版。他一共为她编辑出版了三本薄薄的创作集：《生人妻》、《鱼儿坳》和《地上的一角》。两个翻译集：《何为》与《白甲骑兵》（友人陆蠡也为之做了许多编辑工作）。在她的创作中，《鱼儿坳》和《贼》都是未完成的作品，前者好像还是一个长篇中的一段，《地上的一角》、《阿牛》、《井工》三篇，背景和人物相同，文字也有重复的地方。巴金痛悼友人的早逝，对她留下来的一字一句都十分珍惜，保留了她那未完成的遗作的本来面目，还为每一个集子写了后记。

解放后，英文版的《中国文学》于1961年第11期和1963年第1期刊登了她的几个短篇。人民文学出版社于1964年将《生人妻》、《地上的一角》两书汇成一集出版。1980年四川人民出版社将她的全部创作收入《罗淑选集》，并附了巴金写的几个后记，以及黎烈文、靳以、李健吾等写的纪念罗淑的文章。这就是罗淑的全部著译及其出版情况。

1982年，四川省图书馆找到了罗淑从1937年12月4日到1938年1月15日在成都《群众》等刊物上发表的五篇小小说。正如有的人说的，这几篇文字不过是急就的断片，但是它们说明经过战争的流离颠沛，身心交瘁的罗淑仍然坚持用她的笔，想为抗战贡献自己的一份力量。现在让我引用巴金伯伯纪念妈妈的话，来结束我的必然会有许多谬误和疏脱之处的小文吧："死并没有毁掉一切。生命也不是在一瞬间就可以灭亡的东西。……我们能说她已经死去了么？她的作品活下去，她的影响常留，则她的生命就没有灭亡，而且也永远不会灭亡。"

1982年11月

（原载《新文学史料》1983年8月第3期）

怀念马宗融大哥（节录）

巴 金

罗淑（世弥）逝世后十一年，她的丈夫马宗融也离开了人世。他是按照回族的习惯举行公葬仪式,埋在上海回民公墓的。宗融死于1949年4月上旬，正是上海解放的前夕，大家都有不少的事情，没有人拉住我写悼念文章。他的两个孩子正住在我们家里，……

……

我第一次看见马大哥，是在1929年春夏之际的一个晚上，当时我已熟习他的名字，在杂志上读过他翻译的法国短篇小说，也听见几个朋友谈到他的为人：他大方好客，爱书如命，脾气大，爱打不平。我意外地在索非家遇见他，交谈了几句话，我们就成了朋友。他约我到离索非家（我也住在那里）不远的上海大戏院去看德国影片《浮士德》。看完电影他又请我喝咖啡。在咖啡店里，他吐露了他心里的秘密，他正在追求一位朋友的妹妹，一个就要在师范学校毕业的姑娘。她哥哥有意成全他们，他却猜不透姑娘的心，好些时候没有得到成都的消息，一天前她突然来信托他打听在法国工作的哥哥的近况，而且是一封充满希望的信！他无法掩饰他的兴奋，谈起来就没完没了，不给我插嘴的机会。我要告辞，他说还早，拉住我的膀子要我坐下。他谈了又谈，我们一直坐到客人走光、咖啡店准备“打烊”的时候，他似乎还没有把话说尽。我们真可以说是一见如故，关于我他就只读过我翻译的一本《面包略取》（克鲁泡特金原著）和刚刚在《小说月报》上连载的《灭亡》。

不久听说他回四川去了。我并不盼望他写信来，他是出了名的“写信的懒人”。不过我却在等待好消息。我料想他会得到幸福。等待是不会久的，9 月下旬一个傍晚他果然带着那位姑娘到宝光里来了。姑娘相貌端正，举止大方，讲话不多，却常带笑容，她就是七年后的《生人妻》的作者罗淑。分别几月他显得斯文了，客气了，拘束了。他要到里昂中法大学工作，姑娘去法国找寻哥哥，他们明天就上船出发，因此不能在这里多谈。我和朋友索非送他们到门口，我同他握手分别，因为旁边有一位姑娘，我们倒显得生疏了。

我不曾收到一封从法国寄来的信，我也差不多忘记了马大哥。我照常过着我那四海为家的生活，带着一支自来水笔到处跑，跑累了便回上海休息。1934 年初我从北平回上海，又见到了马大哥，这次是他们一家人，他和那位姑娘结了婚，生了女儿。我认识了罗淑，在他们夫妇的身边还看见当时只会讲法国话的小姑娘。

1935 年下半年文化生活出版社成立后，我在上海定居下来。那个时候他们夫妇住在拉都路（襄阳路）敦和里，我住在狄思威路（溧阳路）麦加里，相隔不近，我们却常有机会见面。我和两三个熟人一个月里总要去他们家过几个夜晚，畅谈文学、生活和我们的理想。马大哥为了一家人的生活，正在给中法文化基金委员会翻译一本法文哲学著作，晚上是他工作的时间，他经常煮一壶咖啡拿上三楼，关在那里一直工作到深夜。有时知道我去，他也破例下楼高兴地参加我们的漫谈，谈人谈事，谈过去也谈未来，当然更多地谈现在。海阔天空，东南西北，宇宙苍蝇，无所不谈，但是讲的全是心里的话，真可以说大家都掏出了自己的心，也没有人担心会给别人听见出去“打小报告”。我和马大哥一家之间的友谊就是这样一种友谊。

这样的生活一直继续到 1936 年第四季度他们一家离开上海的时候，这中间发生过一件事情。我有一个朋友曾经在厦门工会工作，因电灯公司罢工事件坐过牢，后来又到东北参加“义勇军”活动。有时他来上海找不到我，就到开明书店去看索非。他也是索非的友人，最近一次经过上海他还放了一口箱子在索非家中。这件事我并不知道。1935 年冬季在上海发生了日本水兵中山秀雄给人杀害的事件，接着日本海军陆战队按户搜查一部分虹口区的中国居民。索非的住处也在日本势力范围内，他们夫妇非常担心，太太忽然想起了朋友存放的箱子，说是上次朋友开箱时好象露出了“义勇军”的什么公文。于是他们开箱查看，果然箱内除公文外还有一支手枪和一百粒子弹。没有别的办法，我马上带着箱子坐上人力车，从日本海军陆战队布岗警戒下的虹口来到当时的“法租界”。马大哥给我开了门。他们夫妇起初感到突然，还以为我出了什么事。但是我一开口，他们就明白了一切。箱子在他们家楼上一直存放到他们动身去广西的时候。

在旧社会并没有所谓“铁饭碗”。他拿到半年的聘书去桂林，不知道半年后还能不能在广西大学待下去，也只能作短期的打算。他让我搬到敦和里替他们看家，到暑假他们果然践约归来。他们作好了计划：罗淑留在上海生小孩，马大哥继续去桂林教书，过一段时期他们全家搬去，定居桂林。他们把敦和里的房子让给朋友，另外租了地段比较安静的新居，马大哥按预定计划动身，罗淑定期到医院检查，一切似乎进行得顺利。但是1937年“八·一三”的枪声打乱了他们的安排，马大哥由湖南改去四川，罗淑带着女儿离开上海去同他会合。第二年2月他们的儿子在成都诞生，可是不到二十天母亲就患产褥热死在医院里面。3月初我从兄弟的来信中知道这个不幸的消息，好象在做梦，我不愿意相信一个美满的家庭会这么容易地给死亡摧毁。我想起几个月中间他们夫妇几次给我寄信发电报催我早回四川，他们关心我在上海的安全。我想起分别前罗淑有一次讲过的话：“这个时候我一定要赶到老马身边，帮助他。他象个大孩子，又象是一团火。”他们结婚后就只有这短时期的分离。她在兵荒马乱中冒着敌机轰炸的危险赶到他面前，没有想到等待她的是死亡，他们重聚的时间竟然这么短。我失去了一位敬爱的朋友，但是我不能不想到罗淑的病逝对马大哥是多么大的一个打击。过去的理想破灭了，计划也成了泡影。《生人妻》的作者留下一大堆残稿，善良而能干的妻子留下一个待教育的女孩和一个吃奶的婴儿，对于过惯书斋生活的马大哥我真不敢想象他的悲痛，我写了信去。信不会有多大用处。谁能扑灭那一团火呢？

不久我离开上海去广州，在轰炸中过日子，也在轰炸中跑了不少地方。两年多以后我到了重庆，在沙坪坝住下来。我去北碚复旦大学看望朋友，在马大哥的家里我们谈到夜深，恨不得把将近三年的事情一晚上谈完。他似乎老了许多，也不象过去那样爱书了，但还是那么热情，那么健谈，讲话没有保留，没有顾忌，他很可能跟我畅谈一个通宵，倘使没有他第二位夫人的劝阻。夫人是罗淑在广西结识的朋友，她是为了照顾罗淑留下的孩子才同宗融结婚的，对那个孩子她的确是一位好母亲，可是我看出来在马大哥的生活里她代替不了罗淑。一谈起罗淑他就眼泪汪汪。

……

我第一次回四川，1941 年初去过成都探亲，不久他也来成都为罗淑扫墓。我们一起到墓地，只有在这里他显得很忧伤，平日他和友人见面总是有说有笑。一丛矮树编成的短篱围着的长条的墓地，十分安静，墓前有石碑，墓旁种花种树，我仿佛来到分别了四年的友人的家。我的心平静，觉得死者只是在内屋休息，我们在廊下等待。我小声劝慰马大哥："真是个好地方。世弥在这里安息多么好。"他摇摇头苦恼地说："我忘不了她啊！"他拍拍我的肩头，他的手掌还是那么有力。我向他建议将来在这里种一些名花，放些石桌石凳，以后朋友们来扫墓，在小园中坐坐谈谈，仿佛死者就在我们中间。他连声说好。我也把我的想法同别的朋友谈过，准备等抗战胜利后实现这个计划。当时谁也不是存心讲空话，可是抗战胜利后的局面压得人透不过气来，我没有能再到成都，马大哥也被迫远去台北。解放后我两次去成都，都不曾找到罗淑的墓地；今年她的儿子也去那里寻找，才知道已经片瓦无存了。

……

（原载《新观察》1982 年 3 月第 6 期）

罗淑生平和创作的一些补充

刘传辉

关于罗淑的籍贯，四川人民出版社 1980 年出版的《罗淑选集》，在出版说明中说，她是“四川简阳人”。查 1938 年 3 月 6 日和 7 日成都《华西日报》副刊《华西副刊》“纪念罗淑逝世特辑”，其中有副刊编辑毛一波的《记世弥》一文，说罗淑“本为成都籍，九岁时，移家简阳县石桥场海井。后入成都省立第一女师高中师范科，……”他在文末加了按语：“关于世弥一生的历史，本应由马宗融先生自己来写才对。但因纪念特刊，急于付印，只好由我在百忙中为之代笔。此中如有谬误，只好由个人负责了。”既然是“代笔”，罗淑的生平材料当然就是马宗融提供的，而且后来马宗融对此文并未提出异议和更正。我认为罗淑的籍贯，当以毛一波说为是。

据有关文章记载，上海“八·一三”抗战爆发后，上海即将陷为孤岛之前，罗淑因身孕关系，于 9 月初旬带着女儿马小弥，“转赴衡州”。马宗融当时在广西大学任教，“遂辞去广西大学教授事，因即北上偕同返蓉。”（见毛一波《记世弥》）他们大约于 10 月底或 11 月初到达成都，住在泡桐树街，马宗融去四川大学任教，罗淑因病和身孕在家休养。但她不顾病和待产的虚弱身体，仍与马宗融一起积极投入抗战文艺运动。

处于抗战大后方的成都，虽名曰“抗战建国的复兴根据地”，实际气氛却死气沉沉。在文化界人士的强烈要求下，国民党四川当局迟至 10 月 10 日才被迫同意成立了成都市文化界抗日救亡协会。

紧接着，成都的一些报纸为了开展抗战文艺运动，或专辟版面，或刷新内容。如周文主编的《新民晚报》副刊《国防文艺》，任钧主编的《四川日报》副刊《文艺阵地》，以及毛一波主编的《华西日报》副刊《华西副刊》等。此外，毛一波、周辅臣、罗淑、马宗融、张履谦等还组织了一个群众周刊社出版《群众》周刊。

成都“文协”的工作还没有完全开展起来，上海、南京失陷后的一股“和平”空气吹到成都，国民党四川当局于12月中旬竟下令解散了成都“文协”。《金箭》月刊、《战旗》旬刊等都被禁止出版发行。为了坚持抗战和抗战文艺运动，12月下旬周文等人开始串联筹备成都文艺界联谊会，于1938年元旦聚餐会上正式成立，罗淑、马宗融等是该会重要成员。罗淑不但参加了文艺界联谊会的聚餐、茶点等活动，而且多次观看抗战剧的演出。她在《〈流民三千万〉观后感》中说：“影人剧团来到成都的第一次公演已经看过了，这次又因周文先生之约去看第二期公演《流民三千万》。”直到她临产前不久，她还与文艺界的朋友们一起积极筹划报纸的新文艺副刊。1938年3月1日《华西日报》的《华西副刊》载：“此间文艺界同仁陈翔鹤、李劼人、周文、沙汀、曹葆华、马宗融、周辅臣、卞之琳、罗世弥、张谦弟等数十人，前拟联合在《兴中日报》附出《新地》周刊，近已集稿多篇，闻不久即将付印矣。”

关于罗淑在成都的作品，《罗淑选集》中是空白。直到1984年《抗战文艺研究》第一期刊登的艾以同志《新发现的罗淑的两个短篇》，才提出了《八月十三日的早晨》和《被难者》来。文章说：“在四川省图书馆书目参考部同志的支持下，我们从《华西日报》副刊《群众》上发现两篇罗淑的短篇小说：《八月十三日的早晨》和《被难者》。”马小弥同志的《罗淑小记》中也说：“1982 年，四川省图书馆找到了罗淑1937年12月4日和1938年1月17日在成都《华西日报》副刊《群众》上发表的两篇小小说。”“《华西日报》副刊《群众》”的说法似乎不确。《华西日报》只有《华西副刊》和《蜀锦》两个副刊，没有《群众》这副刊。

《群众》是由群众周刊社编辑单独发行的综合刊物，而不是《华西日报》的副刊。艾芜同志的文章说，前面两篇小说是“她回成都后应友人、《华西日报》副刊《群众》的编者毛一波的稿约而撰写的”，也不确切。罗淑在《群众》周刊发表的文章不是两篇，而是三篇，除前面提到的两篇外，还有一篇杂文《谁在和谁打！》，载于 1938 年 1 月 1 日出版的第五期。《谁在和谁打！》揭露批判了国民党的片面抗战路线。毛一波《记世弥》一文说："而女士返蓉后，间为各日报及各小刊物写点短文，亦为大家所敬佩。"罗淑给报纸文艺副刊写的短文，笔者已查到两篇，一篇是《〈流民三千万〉观后感》，载于 1937 年 12 月 20 日《新民报》副刊《国防文艺》周刊第四期；一篇是《在车厢里》，载于 1938 年 1 月 6 日《四川日报》副刊《文艺阵地》周刊第五期。《〈流民三千万〉观后感》是应周文之约，观看上海影人剧团第二期公演《流民三千万》而写的一篇随笔。《在车厢里》是一篇散文，也可以算一篇小小说，表现了强烈的爱国主义思想和高尚的民族气节。

（原载 1985 年《抗战文艺研究》第二期）

谈罗淑的思想

——写在罗淑纪念室开幕之时

艾 芜

简阳县罗淑纪念室开幕，我表示热烈的祝贺。

罗淑已出了文集，不少人推崇她的文学作品，称赞她的处世为人，但对她的思想方面，却谈的很少，甚至于没有。我现在想从思想方面，谈谈她的思想。

罗淑去世得太早，没有她谈文艺理论的文章，也没有谈她思想的论文。我们只有研究她所处的时代，所作的文艺作品以及翻译的书籍，来寻找她的思想。任何一个作家都有他的思想的，罗淑不能没有她的思想，即是有她的人生观和世界观。

罗淑 1903 年生，年轻时候所处的时代，正是我们七八十岁的人所处的时代。刚在五四运动时候不久，我们进入师范学校。她在女子第一师范第十班，我在男师第十班（即 1921 年到 1926 年）。教我们男师的老师，也在她们女师教书。我们受过五四运动的影响，又有对十月革命的憧憬，都不满意学校的教本，总是要读上海北京出版的刊物杂志，《新青年》、《向导》、《创造季刊》、《创造月刊》以及《小说月报》、《语丝》，都受到我们的欢迎。因此，除了五四影响、十月革命影响，又爱好新文艺以至革命文艺。罗淑就处在这样的时代，是否接受了五四运动和十月革命的影响？据我研究的结果，可以认定她的思想是具有那个时代的革命精神。

第一，当时成都的学生反帝反封建运动，罗淑曾作女师的代表参加过，走在一般学生的前面，是个先进的女青年。第二，从她的全部作品来看，她所写的人物，都是社会最底层的被侮辱被压迫的劳动人民。这和五四运动所提倡的人人平等大有关系，也和十月革命劳工农民翻身当家作主，不无牵连。没有这两种影响，被侮辱被践踏的劳动人民，不会成为一系列作品中的主人的，而她本人热爱劳动，亲身操持家务，都是要和劳动人民站在一道。《罗淑选集》登了一幅罗淑年轻时候的像片，两袖挽上，正是一个劳动妇女的形象。

还有更重要证明，是罗淑翻译的外国文学作品。她用世弥这个名字，出版过车尔尼雪夫斯基的长篇小说《何为》。解放后，又有蒋路译为《怎么办》。关于车尔尼雪夫斯基，列宁说："他是马克思以前最大和最有才能的社会主义的代表，马克思本人也称他为伟大的俄国作家。"关于车尔尼雪夫斯基的作品《怎么办》一出版，即遭到禁止发卖，书报检查官也遭到撤职。一些地下的革命团体，便以手抄本暗中传阅。列宁对《怎么办》的评价很高，他说："在它（指小说《怎么办》）的影响下，成百成千的人变成革命家。""举例来说，它吸引过我的哥哥，也吸引过我。它使我这整个的人来了一次深刻的转变。"引用列宁这段话，是瓦连季诺夫写的《列宁会见记》，记 1904 年列宁在日内瓦的谈话。当时瓦连季诺夫对列宁说，《怎么办》这部小说，写得粗燥平庸。列宁很生气，便讲了上面一些话。书中的革命人物革命思想，显然深深感动了列宁，同样也深深打动了罗淑。罗淑在法国读书，研究法国文学，私下又自己研究俄国文学。她不翻译法国巴尔扎克、福楼拜、斯当达尔的作品，也不翻译俄国托尔斯泰、屠格涅夫的作品，却首先要翻译车尔尼雪夫斯基的《怎么办》，她的人生观世界观不是明明白白表现出来的么？显然她要把这本革命教科书（这是俄国人对《怎么办》的称呼），推荐给中国人民，能在中国造成另一伟大的革命。因此，我们可以肯定地说，罗淑是具有强烈的革命思想的。

1986 年 9 月 21 日于成都

（原载 1986 年 10 月 5 日《四川日报》）

世弥致芾甘信之一（1936年11月）

芾甘：

前寄航信想已收到。11月薪水已收得，寄上百元偿还欠租。此地认真说什么都好，只是身体时时闹病，痛苦一来就觉眼前漆黑。好在今天又比昨天好，也许不久会逐渐恢复。到此多日尚没拿笔，连书也不曾看两篇，这真不是生活！希望下星期多少可以做点事情了。

老马为弄讲义忙，其他工作也未着手，看以后又是怎样。他每星期只五钟点课，弄上路了所余时间倒不少，或者他在这几月中能够了清所有文债。

这里没书没报，我们两人同样的感到难堪的寂寞，望尽可能催催几位朋友给我们寄点杂志，如其不便直寄的话，莫奈何我们只有订一、二份了。

我的稿子只要一着手就快，若不病，本月内一定寄来。译文同中流稿我也一定要努力写，不过我的东西总要你给我看一遍然后再拿出去。

老马天天在饿咖啡，对此我本不很热心，但到这里来也时常怀念咖啡的香味，请叫采臣费心，买点寄我们。

你搬过去了没有？我常同老马说我们这次来太拖累你，假如索非不能搬去，一时又找不着合住的人，你两地房子实在太耗费，你的用途也多，经济上你怕担负不下来。

克刚修勺所办杂志怎样？你们来桂林么？桂林书店真空虚得可怜，什么杂志新书都没有，能来开设一店，倒很合需要，如果朗西真的要做这笔事，还望以快为是。

祝

你好

世弥

她写了，我就暂躲懒，只是杂志！杂志！快呀！人家的世界知识十天就收到了，敦和里若有刊物寄到转来为荷。

马大哥

（1936年11月自桂林寄上海巴金）

世弥致芾甘信之二（1937年4月11日）

芾甘:

上月（日子记不得了）寄去一航信，收到么?我写好了三篇小说，但总觉得不满意，现在关在抽屉里，想等你来看了再说。一再失信，心里有些过意不去，但文章不好拿出来也没意思。你究竟何时动身?请快给我们写个信来。西大情形又略有变动，也许下年还将继续，不过老马就再来我也不来了，我打算到杭州去。6月底我们一定走。关于房子的事上次信里已经说过了，没人住也让它留着，因为我们返上海需要一个住处，那怕就止一、二月的事，至于开销，请采臣把五十元留支移来用，黄妈饭食，这里再另寄。我在他信里也对他说了，并托他有时候就替我们看看，黄妈不识字，许多事情弄不好。桂林天气冷热多变，你来至少要带一件御寒的衣服。这里买东西是贵得真可以。我们有许多地方还没去玩过，等你来了一同去吧。你的行踪不会叫人知道，你放心。老马在弄讲义，萌芽的事不知道怎样办，我替他着急。一个人性情生定了才叫没法子改!这里的日子过得很不愉快，十分的不愉快!你的近况和朋友们都好吧?

祝

好

世弥　4月11日

（1937年4月寄自桂林）

世弥致芾甘信之三（1937 年 5 月 19 日）

芾甘：

航快收到。西大事还没有明白表示，要等到月底才晓得。老马个人的去留是不成问题，只要他愿意留就可以留下去，但他又不能不同着别的同事一致行动，别人怎样他也就怎样，态度倒是对的，不过牵制了个人的许多事，就有些叫人发闷。天天盼望你来广西，你又改变了计划。这样也好，如果下半年老马还要来的话，你那时同他来，你可以避免一个暑天的苦旅行。等这里的事一决定，马上通知你，来不及就给你打一个电报。今天把我写的东西翻出来看，又觉还马虎过得去，让我再改几处，下星期二（班期）一定寄去（用航空）。这件事很对不住你，但若果你知道我来此以后精神上是怎样的情形时你会原谅我。我希望我以后能够振作一点，多做点事，不再失信于人。四五月份的留支我这里已经兑回四川了，五六月份的叫采臣取了交给你作为开支，切不要又兑走了。你的生活怎样？《春》什么时候写完？杭州天气热，蚊子又多，为什么跑到那里去？不久就要看见你们我很快乐。

祝

你好

稿子下星期二一定寄。

附收条两张请交采臣，并告诉他我收到他的信。

世弥

5 月 19 日

（1937 年 5 月寄自桂林）

世弥致芾甘信之四（1937年6月10日）

芾甘：

寄你的航快收到没有？西大事现在决定了，所有本期教员一概聘留，一年的事想来没有问题。文学系因要招新生，老马需留桂办理一切，不能返上海。上海的事不能不去结束，书籍要找地方寄顿，他不能分身只有我单独跑一趟。望道他们约定走香港，我因那面路线较远，带着一个孩子，大热天怕她受不住，所以要走湖南，日子可以省，钱也少费一点。老马想送我到武昌，倘若有同行的人他也许就不送我了。我至迟七月初一定动身，到时再给你一信，能来接我一下顶好。为我个人打算，我想到上海以后（旁批：汉口船坐定后，当有一电给采臣转你，文化生活社有电报挂号否？请注意旁批为盼　融）就去找书教，这里的生活我太不习惯，许多地方叫人头疼（胡说！你一定不赞成！啊？芾甘？——马）。还有这许多年我和老马一直没有分开过，对于现在这种生活的形式，我是十分的感到厌倦了，能分开一些时候，对我们两人是很好的。我的意见老马顶反对（应该吧？）这几天正在（对，有两个月也够了，你说对吧？）商量我再来不再来的问题。你还在上海么？何清及老毕的信都收到，请你把我们的情形告知他们，别的朋友也通知一声。广西你一定来吧，已经给预备了一间房子，文章又搁下来了，请你不要生我的气，我早点寄来就是。请告黄妈我同妹妹就回来了。

祝好

世弥

6月10日

假后我或许回沪一行，我们大家同路热闹，万一走不开，你同她们一道来岂不正好。房子我们仍独住，你来住下绝无妨扰。

融附言

（1937年6月自桂林寄上海巴金）

研究论文选编

《何为》后记

巴 金

《何为》的名字我在十六七岁的时候就知道了。后来听说这书有英文译本[1]，曾托友人在伦敦、纽约等处搜求过，却没有结果。1928年春天我在巴黎赛纳河畔一家书摊上买到这书的法文译本，书名改作了《妒嫉》，但内容是一看便明白的。这法文译本也早绝版了，我无意间得到它，心里的快乐自不必说。我那时在翻译廖抗夫的短篇小说《薇娜》，司特普尼亚克的《三十九号》，蒲列鲁克的《为了知识与自由的缘故》，这都是描写旧俄新女性的姿态的作品，我打算把《何为》也译出来，和它们编在一起，印一本小册子。然而后来《灭亡》的写作占去了我的时间，而且那几篇译稿寄回上海后也找不到发表的地方，那时候的杂志编辑不会看得起我的文章，更没有一家书店肯接受我的稿子。我便停止了《何为》的翻译，那时我已经开始译了几页，但现在连那译稿也不知道失落在什么地方去了。一搁就是几年，直到三个月前我整理破书，找出了这本《何为》，拿给世弥和宗融看，他们都说愿意翻译，就把这事情拜托给他们，同时刊出预告，上面写了两个人的名字。世弥没有失信，过了一个多月的光景，她就把稿子送来了，是这么流畅的译笔，又是她一个人翻译的。我把译稿仔细读过一遍，在我算是了却一桩心愿，我觉得很高兴。

关于这本小书我还想说几句话。我在《俄国运动史话》第一卷第六章里面曾论过它，我写了一个极简略的节要，这和现在这译本的内容不大相

[1] 英译本名“一个重大的问题或何为”，在纽约刊行，译者为 Nathan Haskell Dole，现已绝版。

同。[1]我的节要是根据捷克马沙列克的《俄罗斯精神》第二卷第十四章写的，马沙列克对于俄国社会运动的知识之广博，是无可怀疑的，他的著作里面征引《何为》的处所甚多，而且有些对话还是这译本里所没有的。[2]根据这两点我们可以断定法文译本只是一个节本。不过原本我们一时找不到，这节译本又没有支离破碎之处，并且从结构方面看来，没有那个近乎大团圆的结局，[3]反而是更完美一点。所以我们也就以这节译本为满足了。

这小说若从艺术的观点来看，不免是很平常的作品。它的结构不仅是非常简单，而且很贫弱。[4]然而它对于19世纪六七十年代的俄国男女青年却有过极大的影响，对于他们它简直是“一个天启”。它一出版马上就成了俄国青年的纲领和福音，它的确支配着，指导着当时青年男女的行动。[5]

这小说的力量在于它所阐明的理论，在于它所描写的实在论者（或虚无主义者）的典型。这无异于给当时的青年男女指示一条道路，告诉他们应该做的事情。这小说里的主人公，那些实在论者，又是唯物论者，实证论者，利己主义者。[6]他们并不博学，然而却能科学地思索。

[1] 奇尔沙若夫据马沙列克说是哲学家，但在这译本里却是医生，而且克鲁泡特金在《俄国文学的理想与现实》中也说他是青年医生。

[2] 譬如薇娜责备乐卜何夫的合理的利己主义，说它是冷的，平庸的，严酷的。乐卜何夫答道：“这理论是冷的，然而它教人怎样去创造温暖。一根火柴是冷的，火柴匣子的边也是冷的，然而在它们里面却含着火，它会给人烧饭，而且使人身体温暖。这理论是严酷的，然而倘使人们遵从它，他们就不再会做那些徒然无益的同情之可悲的玩具了。捏着刺胳针的手是不应该退缩的，因为单纯的同情对于病人并没有一点好处。这理论是平庸的，然而它揭示了生活的真正动机，而且只有在生活的真理中我们才会找出诗来。”这一段话在这译本里就没有。

[3] 乐卜何夫假装自杀而去美国，等到他对于薇娜的爱情冷淡了，便回到圣彼得堡与薇娜的女友结婚，两家往来甚为亲密。这事情在马沙列克的书里也讨论到，然而这译本却没有，一定是被法译者删去了。我觉得这删节倒是值得赞美的。

[4] 瓦利柴夫斯基在他的《俄国文学史》中说这小说缺乏艺术和诗的色彩。然而巧尔尼雪夫斯基的艺术观是“非美学的”。巧氏的诗的定义是：生活，活动与激情。他以为生活本身才是美丽的，艺术只能帮助来说明生活，而决不能代替现实，也不能达到与现实同等的地位。巧氏的一个信徒还说：“一个鞋匠比拉斐耳（意大利名画家）要高贵得多。”

[5] 这小说是在监狱里写成的，出版后不久作者就被流放到西伯利亚，在其后的二十年间他都以骄傲的态度过着困苦的放逐生活。他的崇高的人格感动了无数真挚的男女青年。

[6] 巧尔尼雪夫斯基说过：“真正的实证论者除了爱和高贵的心灵外，什么也没有了。”他的一个信从者沙热夫更说：“我们相信我们是为人类的幸福奋斗的。”可见所谓合理的利己主义是与自私自利不同。它一方面尊重，而且主张个人的自由，权利，和创意性，他方面也倾向着共同的善与万人的幸福。所以这合理的利己主义又可称做利他的个人主义。

他们是锐敏的观察者，而且常常从他们的观察得来合于逻辑的结论。他们把这实证的知识也应用到道德的方面去。因此他们否定了一切过去的传统和习俗。自然，质朴，直接，坦白，这是他们的口号，而且成了他们的生活的特征。他们少说话，而宁愿多实行，多学习；但是他们却喜欢彼此争辩讨论那些哲学的，社会的，政治的问题。他们中间也许有两三个会抱着这实在论走到极端，但大多数的人都是诚挚的工作者，他们为自己同时也为同胞工作。他们当着一切困难的问题，处在一切困难的环境里面，都能够冷静地思索而行动。

他们应该怎样做呢？“何为”的问题来了。一切都是很显然的。社会应该根据自由社会主义的原理来组织过。一切制度必须与傅立叶的理想相合。这些理想应该用路易·布郎式的合作组织而且由人民的教育来实现，这不仅是依照傅立叶所指示的，同时还与欧文的计划相合。

这可见巧尔尼雪夫斯基在《何为》里所阐明的理论并不是他的创见，他的论据还是从西欧的作者那里得来的。

有一点是应该特别提出的，就是巧氏在这小说里还解决了几个重要的妇女问题（如争自由求知识的问题等等，尤其是夫妇中间的关系这问题）。在俄国 40 年代乔治桑是很时髦的，然而普式庚却借着达季安娜大胆地，独立地处理了这问题。[1]德鲁景林的波林加不肯接受她丈夫的牺牲，而和他留在一起，那丈夫知道妻子爱着年轻、热情浪漫的

---

[1] 达季安娜是普式庚的长诗《爱佛金尼·阿涅金》的女主人公。这一个乡村的姑娘爱上了时髦的富家子阿涅金，他却并不注意她。她向他表示过她的真诚的爱，却被他拒绝，而且得了他一番教训。后来她被母亲逼着到了莫斯科，嫁给一个年老的将军。他们夫妇到圣彼得堡，她在那里成了交际社会的明星。在这时候阿涅金出现了。他遇着她，这一次是他疯狂地爱上了她。他趁着一个机会向她表示他的爱情，她说：“阿涅金，那时我还年轻，我想，人比现在还漂亮，而且我又爱你……可是一个乡下姑娘的爱情在阿涅金是一点也不希罕的，他完全不注意她。……可是他现在为什么又步步地跟着她呢？为什么他会这样地注意她呢？是不是因为她现在有钱，成了上流社会的人，在宫廷中又受着欢迎呢？……但是在我，那一切的财富，那豪华的宫廷生活，我的一切的成功，我的那些富丽堂皇的房屋与宴会……在我，全是空虚！我宁愿撇弃这讨厌的衣裳，这种假装，这一切的喧嚣与光华，来换取数册旧书，一所荒园，还有我们那所简陋的茅舍，那些我们第一次相会的地方，还有我们村里的墓场，我那可怜的乳母的坟墓旁边有一个十字架和几株阴凉的树木。……在那时候幸福是可以实现的！幸福是那么逼近！”……她含着眼泪请他离开，她最后说：“我不能够委身给你！我爱过你，我现在还爱你。然而我现在结了婚，我要遵守我的信誓。”

加利奇，他原谅她，然而到底他患肺病死了。同样赫尔岑在《谁的罪过》里面使那个不幸的丈夫死于酒病。其他如冈察洛夫，屠格涅夫，阿斯特洛夫斯基诸人都在巧氏之前企图来解决这问题。这一切的企图都是失败了的，因为没有人敢来提出一个积极的答案。然而这问题是一个社会主义者所不能忽视的。巧氏当然要根据他自己的立场来提出一个有力的解决了。

妇女问题在当时的俄国是急待解决的。在尼古拉一世的统治下女人从政治的压迫所受到的苦楚并不减于男子。十二月党人的妻子，就有不少的跟着丈夫到西伯利亚去。女人也分担着男人的政治的渴望，1850年塞瓦斯托颇叛乱中就有三百七十五个女人因参加叛乱被处死刑。1861年以来的革命运动更浸透了女性的血和泪。女人的求知识争自由的渴望变成不能够遏止的了，父与女的斗争已经以一个惨痛的姿态现露出来。女子的教育成了迫切的需要，而使政府也不得不于1858年开始创办了女子学校。

巧氏的《何为》就是在这时期（1863年）出现的，他把握住了这现实，由此创造了新妇女的典型，表现了当时的年青女性的渴望，指示了她们应该有的观念，应该走的道路。

这是七十几年前的旧作了。然而这观念，这道路在现今仍还是很新的。虚无主义[1]虽已成了过去的陈迹，但它那“利他的个人主义”的精华依旧存在于那些现今激动着欧美前进青年的社会思想中，对于我们的青年也应该有点帮助，所以这本小书的翻译，虽无接受文学遗产的意义，却也自有其独特的使命的。

1936年4月巴金记

（原载《何为》，1936年4月上海文化生活出版社版）

[1] 有些人把老子的无为哲学或雷翁·雪斯托夫的悲观哲学当作虚无主义，这是一个错误。

《生人妻》后记

巴　金

这本集子是应该由世弥自己编好交给我的，她这样答应过我。但是“死亡”阻止她做完她所计划做的一切事情。我没有理由责备她失约。马大哥又远在成都，自从他遭逢了这个灾祸以后，我们就不曾得着他的信息。从别的朋友的来信里，我知道他一时还不能从悲痛的网中挣扎出来。我更不能够在这时候拿整理世弥遗著的事情去增加他的悲思，虽然我知道世弥有不少的遗稿留在家里，里面也许还有描写盐场生活的长篇。

我认识世弥有七八年了（那时马大哥刚接了她从四川出来预备一起到法国去），直到 1934 年以后我们才有机会常常见面。但是她很少和我谈起写小说的话。我们都不知道她偷偷地写着短篇。所以我在《生人妻》的原稿上，替她写了“罗淑”的笔名，交给靳以在《文季月刊》发表时，连靳以也觉得奇怪。《生人妻》发表以后，许多朋友赞美这篇文章，却不知道作者就是他们时常见面的一个熟人。

在《生人妻》以后我又从世弥那里得到《刘嫂》、《桔子》、《井工》三个短篇。《井工》是她离开上海时交给我的。还有几个未发表的短篇由她自己带回四川去了。她答应回到那边把它们删改后再寄来。可是她并没有寄出。她的来信里只说她身体不好，不能够静下心来工作，要我等待一些时日。于是就来了她的死讯。这就是我等待了多日的结果！我还能够等待的。但是书店负责人却几次来催索《生人妻》的原稿。我很了解那位负责人的心情。在这种时候我们的生命犹如庭园中花树间的蛛网，随时都会被暴风雨吹打断。倘使我们不赶快做完一件事情，也许就永无机会来做它。今天还活着谈笑的人，明天也许会躺在寂寞的坟场里。飞机在我的头顶上盘旋了三天了。谁能够断定机关枪弹和炸弹明天就不会碰到我的身上？然而我活着的时候，我是要工作的。我愿意趁这时机，多做完一件事情。所以我就这样草率地将《生人妻》编成了。倘使这草率的工作使得在另一个世界里的世弥感到不满，那么还望她原谅我。

附录三篇是我和靳以、烈文三人写的一点回忆和哀悼。这是她的朋友们为她说的几句真挚的话语，里面并没有虚伪的恭维。我想它们或者可以帮助读者了解世弥的思想和为人，我所以把它们附印在这集子里。

1938年6月2日在广州

（载1938年8月1日《众生》第6号，原题为《关于〈生人妻〉》）

编者按：巴金在1982年3月花城出版社出版的《序跋集》中收入的此文已略作修改。

《地上的一角》后记

巴　金

这是我代世弥编的第二个集子了。她遗留下来的作品原不仅这么一点，但是目前在我的手边的就只有这较为完整的两篇。

《地上的一角》还是初稿，似乎需要着作者的最后的整理，可是她连这样的余裕也没有，就不得不离开这个世界了。作者的原稿到我的手中时我正在桂林。我代她做了一点整理的工作。不过我不愿意损害她的原作，我重视着她遗留给我们的一切，所以我只把重复的处所略为删节，在分节方面略加改动。我没有好好地做我的工作，但我知道世弥会原谅我的。

在飞机轰炸中，我仔细地读完了这篇小说，我一字一字地读着世弥的写得颇为潦草的笔迹，我想到作者不能够和我们同生在这个“大时代”中经历目前的一切的事，遗憾象火似地在我的胸中燃烧起来。

有着这心情的不只我一人，还有许多朋友。一个在危险面前从未战栗的异国亡命者在我的桂林的寄寓中看见世弥的手迹，和我谈起她的事情，他只说了两三句话便埋下头去揩拭眼睛。一颗热烈的广大的心把许多人牵引到她身边，这一颗心远把许多朋友结合在一起。我和那个异国朋友苦痛地，感动地说着：

“她不应该就这样地死去。……”我们又说：

“她并没有死。”

是的，“一个真正善良的人的纪念是永不会死的。”我们都相信克鲁泡特金的话。而且世弥留给朋友们的印象还不只是善良。

静静地安息吧，我们大家敬爱的友人，你已经尽了你的职责了。你的美丽的人格将是大家的鼓舞的泉源。唯一的可以补偿失去你的损失（只有在现今我们才能够了解这损失）的方法，便是各人在事业上的努力。我们是要努力下去的。

1939年6月

（原载1939年6月20日《鲁迅风》第16期，原题《写在罗淑遗著的前面》）

编者按：巴金在1982年3月花城出版社出版的《序跋集》中收入的此文已略作修改。

《鱼儿坳》后记

巴　金

这是世弥的第三个创作集。散文三则:《捞粪草》、《轿夫》、《弄堂里的叫卖声》都是在作者生前发表了的;《鱼儿坳》和《贼》两篇小说则是尚待整理的遗作。这次为了编这本集子，我读过世弥遗留下来的全部稿件。在《生人妻》和《地上的一角》以外的成篇的作品都收在这里面了。

《鱼儿坳》和《贼》都是被侮辱与被损害者的故事，但显然都是未完成的作品。前者好象还是一个长篇中的一段，和《地上的一角》、《阿牛》、《井工》三篇都有关联，是同样的背景和人物，而且这小说的第二节与《地上的一角》的第二节，连文句也是大同小异的。这似乎需要着删改，但是我珍视作者的原著，我觉得不妨让这重复的处所保留着，使《鱼儿坳》一篇显得较为完整一点。这里说较为完整，读者当然明白我的意思，我现在做的只是整理的工作，我不曾在世弥的遗稿上面添加什么。作者的早逝的确是一个不可补偿的损失。倘使作者能够在这世界多住十年，她一定会给我们留下几部描写四川盐场生活的杰作。

最近在成都我看过世弥的墓地。一抔黄土，一块石碑，一丛矮树编的短篱，这里埋葬了一个年轻有为的生命，也埋葬了友情、尊崇和许多朋友们的期望。我想起了四年前在上海西站分别时的情景，仿佛还是昨天的事，在悲痛的回忆的包围中，我几次暗暗地问自己：难道生命就是这么脆弱，死的魔手随意一动，便可以毁掉一切?

现在我应该说，死并没有毁掉一切。生命也不是在一瞬间就可以灭亡的东西。如今我们谈起世弥，还仿佛她就活在我们中间。她的名字和她的面影至今还牵系着许多朋友的心。今天，在这窗外细雨如丝的春三月的寒夜，摊开她的遗稿，那些颇为潦草的字迹还诉说着一个善良仁爱的女性的心的跳动。甚至躺在最后的安息地里，她还发出正义的喊声，为那些被侮辱与被损害者呼吁。我们能说她已经死去了么？她的作品活下去，她的影响长留，则她的生命就没有灭亡，而且也永不会灭亡。

1941年3月22日重庆

（载《鱼儿坳》，1941年8月上海文化生活出版社）

编者按：巴金在1982年3月花城出版社出版的《序跋集》中收入的此文已略作修改。

《白甲骑兵》后记

巴　金

世弥的第二个翻译小说集子能够在她逝世三年后的今日同读者见面，我觉得这是一件可喜的事。我算是她的遗著的编者，但是这次工作的大部分都是蠡兄代我做了的。他也是世弥的友人。

译文五篇，都是从法文译出的，四篇录自《译文》月刊，一篇从《文学季刊》中抄出。抄录的事情是蠡兄找人代办的。《贝多芬笔谈》因为不是小说，所以排作附录。关于原作者我无话可说，因我手边无一本可作参考的书。译文后面原先附有介绍之类的“后记”的，在这里自然全部保留。未附有的，就只得让它缺如了。

这样办，我其实不能算是尽了责。不过这些日子我们是在一种抓彩的情形下过活。我们的大部时间都花在这事上面。我们每天都抓彩。抓的不是金钱，却是死亡。倘使一旦抓到，则在轰然一响之后，我的心灵就会消灭，我也没有机会来做任何事情了。因此即使草率地做完一件工作，在我，也是一桩值得欢喜的事。但这情形不知道会不会被一般的读者了解。

1941年8月17日昆明

（原载《白甲骑兵》，1947年10月文化生活出版社版）

生人底气息

胡 风

比较起来，今年的文艺刊物算是特别地多了。容纳文章的地盘一大，就会剩出一些“侧身”之地，于是常常有些生人底名字映到了读者底眼里。这些生人，大半不是在文坛上转来转去的，他们所接触的是生活而不是“天花板”，他们储蓄着的生活仓库没有用“完”，他们底感觉力也还没有被文坛底气流所侵蚀，所以他们底作品有时能使读者感到一种健康的气息。

将近一年了，生活使我没有多读作品的余裕，但最近由于一位友人底提示，我选读了几篇，现在就想把读后的感想写在这里。

…………

《生人妻》罗淑作　载《文季月刊》9月号

出卖生人妻，这是封建重压下的生活悲剧底一相，台静农底《蚯蚓们》就给了一幅凄森的图画。如果说《蚯蚓们》是着重地描写了在无告的命运下面被撕裂着的男性，那么，《生人妻》是着重地描写了在无告的命运下面被撕裂着的女性了。

破落到靠割青草出卖为生的夫妇两个，还是活不下去，于是只好把她卖掉了。但她在新丈夫底喜筵上失手打翻了盏杯蜡烛，遭了新丈夫底咒骂，而且还受到了小叔底调戏，于是就糊里糊涂地逃了出来。在路上跌伤，睡倒，黎明时挨到故家的时候，丈夫已经因为她底逃走被人抓去了。

作者为了说明使他们无法不陷进这种命运的力量，所以提示了“坳里不知从什么地方又走来了一些陌生的面孔，而且随时随地都可以碰着，看样子，他们好像是来搜寻什么的。……从这时起，连邻村也有了变化，……”但这却不能使读者感受到什么实感。作者叙述丈夫听到媒人说出要买他底妻的是“那个惯在场口上找人喝酒，自己一毛不拔，谁提起都要吐口唾沫的瘦鬼”的时候，觉得“羞愤和屈辱压低了他的头，”但这个矛盾的痛苦心理并没有发展地描写，只有容容易易地一笔收束了。这只是举出的例子，但我说明的是，由于作者没有有力地写出丈夫底性格和他们底生活环境，这中间应有的更强的搏战，因而这篇作品底力量就不免受到了影响。

然而，在作者底笔下，那个在封建魔力下面辗转着的女人，却是带着生人底面貌和读者相见的。被丈夫卖掉了然而还不失去对于他的爱心（与其说是异性的爱还不如说是在相同运命下的同情），已经决心向运命屈服但又不能自制地流出了反抗，反抗了以后又怕拖累那个卖掉了她的丈夫而懊悔。在这里，不是直接的反抗，也不是麻木的屈服，有时候甚至觉得她底心理变化显得矛盾，但这却正是落后农村里的善良的农妇底活的形象。

在这里举出两个断片。在买主要人的时间快到了的时候，妻子是用着仇恨的心对着丈夫的。但丈夫却在床头稻草下面摸出了他们不久抵押出去了的旧的银簪。

“哪！把这带去。”拿着簪的那只大手战抖着。

“你几时赎回来的？”象失落了多年心爱的宝物，一旦又回到自己手里来，她的微颤的声音是悲和愤的交集，说着她就走过来伸手去接，但马上她的手又落下去了，同时两颗蕴蓄已久，却被由不理解而来的恨抑住了的眼泪也滚了下来，她连连摇头哽咽的说：

“我不要！——你留住有用处，我，我不要呵！……”

银簪真是一柄锋利的剑，给他们划开了心的隔膜，就从那裂缝中涌出纯朴的真诚的感情。

女的牵起衣角揩干眼泪，看着静穆得象一尊塑像似的她的丈夫说：

"我走!"

男的点点头，不作声。

她踉跄着走不多远，似乎记起了一件大事，回过头提高嗓子，急急的遥遥喊道：

"当家的呀，你那件汗衣洗了晒在桑树上，莫忘记收进来!"……

这只是两个愚夫愚妇底生离，但在这里我们看见了从受难者底心上所发散出来的洁光。

还有一段是她到了新丈夫家里，被人指使到猪圈里去洗澡——"洗晦气"的时候。——

……圈里有几只半大的黑猪，像是饿了，有的在舐食槽底仅有的余沥，有挤不上前的，立在旁边，愤愤的向它们发出威胁的鼻音，骤然的灯光使它们感到不安，略微骚动一下，它们即又求乞样的，仰着给过于肥胖挤成一条线缝的眼睛望着进来的人。它们重新唤醒她几年前成了习惯的动作，她四下找寻，终于在一个角上给她发现一桶煮好的"猪食子"，她把灯挂上铁钉，一手提起桶把，一手扶着桶底，"空隆，空隆"的往槽里倾。

"夥失！——夥——失——猪儿溜溜溜溜溜——这边来！夥——失!"

她等它们每个都把嘴筒放进槽安分的抢食着，她才微笑了。……

这是农妇底灵魂，就是在这样悲惨的处境下也依然是活着的。对照下面的洗过澡以后被人扑粉时的落泪，被扯到喜筵前向媒人敬酒时的怨恨心情(虽然两处的描写不够有力)，这一段描写就更加相反相成地烘托出了：就是被人当作了蚯蚓似的东西，但对于合理生活的期望依然不死地在她底心里闪烁。

结尾处，借门外的声音报告了她底丈夫底去向，这一条说明的尾巴反而破坏了结构的浑然。其实是不必要的。

我还读了作者底两篇速写，《桔子》(《作家》9月号）和《刘嫂》(《中流》第二期），处理题材的态度和笔调都显得素朴而清新，我们预想作者将有更好的发展。

编者按：胡风此文作于1936年9月27日，已收入1949年12月海燕书店版《密云期风习小纪》。全文在开头两段作了总的说明后，接着对端木蕻良的《鸶鹭湖的忧郁》和罗淑的《生人妻》作了评介，这里仅将评介《生人妻》的文字照录。

《中国新文学史稿》（节录）

王　瑶

罗淑的短篇集《生人妻》出版于1936年，其中也多半是描述农村中悲惨生活的遭遇的，尤其是农村妇女的酸辛与苦痛。作者以素朴清新的笔调，细致地写出了这些人物的生活和他们的心理变化。其中《生人妻》一篇尤为人所称赞。这是写在封建势力的重压下，农民出卖生人妻的生活悲剧的。这对夫妻贫穷到每天割青草出卖还是活不下去，于是丈夫虽然觉得“羞愤和屈辱压低了他的头”，但也只好把她卖掉了。那个买她的新丈夫是惯在场口上找人喝酒，谁提起都要吐唾沫的流氓。她在新婚的筵席上就遭到了新丈夫的辱骂，还受到了小叔的调戏，实在无法忍受了，于是便自发地逃了出来。在路上颠沛了一夜，到黎明时挨到故家的时候，她原来的丈夫已经因为她的逃走被人抓去了。作者对这个生活在无告的命运下面的女性是写得相当成功的。她虽然被丈夫卖掉了，但她却仍旧未失去对他的爱情和同情；她虽已决定向命运屈服了，却又自发地逃走了，表现了反抗的一面；但反抗了以后却又害怕拖累了她原来的丈夫而懊悔。作者细致地写出了这个女人的心理变化，她不是勇敢地抗争，也不是麻木地屈服，虽然是在那样的悲惨遭遇下面，她仍然是要活下去，而且仍然是对生活抱着期望的。她的举动都好像是在突然之间决定的，但这却正是事件之合理的发展，而这样的女性也正是当时落后农村中善良农妇的一般的典型。譬如当买主就要来的时候，妻子对卖她的丈夫是怀着仇恨的；但当丈夫在床头稻草下摸出了才赎回来的他们不久抵押出去的银簪的时候，她却忽然流泪了，哽咽地说："我不要！——你留住有用处，我，我不要啊！……"银簪划开了这一对受难者夫妇之间的心的隔膜，就从那裂缝中涌出了纯朴的真诚的感情。于是女的揩干眼泪，坚定地说："我走！"而且在踉跄地走了一段以后，还回头急急喊道："当家的呀，你那件汗衣洗了晒在桑树上，莫忘记收进来！"这样细腻的描写把这对夫妇的悲惨的"生离"，和他们之间的纯洁的心境都写出来了，而且也说明了造成这种悲惨现象的社会原因。此外如当这个女人被扯到喜筵前向媒人敬酒时的心情，以及被人指使到猪圈里去"洗晦气"时的情形，也写得很委婉生动。除这篇外，其余各篇也都写得相当成功。作者虽然写的数量不多，但每篇都是比较结实的。

（选自《中国新文学史稿》，1953 年 7 月新文艺出版社）

论 罗 淑

——兼及中国现代文学发展演变的若干轨迹

樊 骏

一

罗淑的创作生涯异常短促：1936 年 9 月处女作《生人妻》刚刚问世，1938 年 2 月她就离开了人世，前后不满一年半。作品的数量也十分有限：只有短篇小说八篇，散文近十篇[1]——其中有些还是有待润饰的未定稿和尚未终篇的断片[2]，加在一起，不足十万字。但她就是在如此短促的时间里，以如此有限的作品，确立了光辉的文学地位。

她一出现于文坛，激起好友巴金、李健吾、靳以、黎烈文等人极大的惊异和兴奋："等我发觉友谊圈子中间不声不响跳出一位我所景仰的作家的时候，我的蒙昧好象一种过失，惶愧而又喜悦"。[3]他们都沉浸在节日般的欢庆气氛中了。她的出现还引起了更多不相识者的注目：胡风当即撰文，把她介绍给读者[4]；《生人妻》经鲁彦推荐，收入当年

---

[1] 除《罗淑选集》（四川人民出版社，1980 年版）所收的短篇小说八篇，散文三篇外，近年来又陆续发现散文《八月十三日的早晨》、《被难者》、《在车厢里》，杂文《谁在和谁打！》，剧评《〈流民三千万〉观后感》等。

[2] 参见巴金为《地上的一角》和《鱼儿坳》两书所写的后记

[3] 李健吾：《记罗淑》

[4] 《生人底气息》

的《短篇佳作选》[1]；周文、沙汀等也都对她的作品发生兴趣[2]。他们把她视为文坛的又一位新秀，并深信她当有更为灿烂的未来。[3]有人用“一鸣惊人”形容她的成功[4]，确非过誉。更值得注意的是：以上提到的众多作家，当时在文学事业上都已各有成就，有的还以艺术鉴赏的精细严格著称，彼此的文学见解和审美标准又各不相同；能够一下子把他们都吸引住了，得到他们异口同声的赞赏，这是一次何等神奇的艺术征服，一种多么奥妙的艺术魅力！

罗淑的作品在她去世后，有了更为广泛的流传：在巴金主持下，几个集子（包括生前没有发表过的作品）陆续出版，后来还以不同的版式重印过；从40年代以来，一部分作品先后选入四十多种现代文学选集（包括台湾、香港的出版物）；《生人妻》更是人们经常提及的名篇。近年来，罗淑研究也在活跃起来。经过半个世纪的检验，她被认为是现代文学史上一位有成就的女作家，作品也作为文学遗产流传下来了。

友人们多次谈到“她对写作的态度是那样矜持，是那样郑重，自己稍不如意的作品便毁了重写，却轻易也不愿意拿出发表。……她宁肯写得少而精，却不愿多而滥。”[5]“她时常和我们说起她又在写一篇，许久许久也不见写出来，问到的时候她就和我们说在写着呢。[6]这种努力，可以在她的作品中得到印证。比如她讲究遣词造句，文字简明凝炼，注意选择富有特征的细节，能够吸引读者很快就进入她所塑造的世界，并且流连其间。比如她重视文体的变化，避免形式和手法的雷同，几乎一篇有一篇的格式，作品数量不多却多姿多态。至于那些未定稿中，同一人物同样情节在不同作品中有

---

[1] 该书由赵家璧主编，邀请二十位知名作家推荐当年发表的优秀短篇作品，汇编成书。1937年由上海良友图书公司出版，1982年花城出版社重印。

[2] 参见周文的《悼罗淑女士》、沙汀的《悼罗淑先生》。

[3] 比如“我们预想作者将有更好的发展”（胡风）；“显示了她的未来的光荣的成就”（巴金）；“她的聪明才智的不过一点表现”（黎烈文）。

[4] 黎烈文：《关于罗淑》

[5] 黎烈文：《关于罗淑》

[6] 靳以：《忆罗淑》

不同的描写，说明她对于如何才能最好地处理这些题材和主旨，正在作着认真的探索和反复的尝试。在她那里，每篇作品都意味着一次重新开始的艺术追求，都有一种独立的审美价值。她以精益求精的努力，走上成功之路。

当然，她的魅力及其成功都别有更为丰富复杂的内涵。《生人妻》之前，取材于“典妻”陋习的作品已有多篇，有的还产生了较大影响[1]；它却后来居上，获得更大的反响。在这篇小说中，作家着力渲染的是这对夫妻剪不断、理还乱的感情纠葛。在要不要卖妻的问题上，丈夫有过多次痛苦的反复，还故意挑起争吵，藉以制造双方感情裂痕。妻子对此事既不愿意而且感到委屈，又不得不顺从甚至谅解，对丈夫也是既埋怨又关切。当她遭到新夫斥责时，想的是“他先要晓得是这样，穷死也不会放我来的”；从那里逃走后，最感不安的仍然是“我倒害了他”了。恰巧在被迫分手时，彼此之间更多地回荡着爱情的旋律。几十年来，众多论者在分析这篇小说时，不约而同地赞美迎亲的轿子已到，离别时丈夫将妻子戴了多年不久前抵押出去的银发簪交还给妻子的描写。如果说设法赎回这个象征着他们那段姻缘的信物，“把这带去”的话语，表白了丈夫对于妻子的绵绵情谊和求赦心理；那么妻子感到意外喜悦的心情，欲取又止的举动，“我不要！——你留着有用处，我，——我不要呵！”的回答，以及临行时“当家的呀，你那件汗衣洗了晾在桑树上，莫忘记收进来！”的叮咛，打开的是一个更为丰满的内心世界：解开了因为被卖引起的疑虑，融化了由此而来的怨尤，还唤起了对于丈夫的无限眷恋。通过人物感情的跌宕起伏和相互撞击所泛起的层层波澜，写出了双方相濡以沫的恩爱。正是这一往情深的一对，两颗善良纯洁的灵魂，给读者留下深切的印象，《生人妻》也因此成为同类作品中的佼佼者。

罗淑善于捕捉和表现人物微妙的情感活动。盐工阿牛听到开烟馆的寡母和盐井管事关系暧昧的传闻，连夜回家，赶走正在那里抽大烟的管事，并和感到突兀和委屈的母亲争吵：“我也是一个男儿汉呵，”

---

❶ 比如许杰的《赌徒吉顺》、台静农的《蚯蚓们》、柔石的《为奴隶的母亲》、含沙的《租妻》、施瑛的《棉裤》等。

“你要不把这生意收起来，我死也不做你的儿子的。”第二天管事借口阿牛打了母亲，要严加惩罚。说过“我不要你这样一个儿子”的母亲，赶来表示她家的事毋需外人过问。儿子以沉默蔑视管事的报复，也不理会母亲的营救。母亲先是哀求，然后痛骂管事挟嫌陷害。他们无法当众说明这场灾祸的真实缘由，连母子之间也难以澄清有关传闻是否属实。相互责怪怨恨，产生了隔阂，却又由衷地关心着对方（《阿牛》）。一个从军队病退回家的青年农民，因为赤脚受伤，从学校偷一个电棒，一双破皮鞋，被抓住了。他和校工老陈的关系（实际上是父子）也引起人们怀疑。老陈被责令审问并鞭打此人。为了保全老陈的饭碗，父子都不敢暴露相互的关系：一个只得狠心地打，一个也宁愿挨打（《贼》）。即使在这样的时刻，他们都仍然相爱得那么真挚，也因此不得不忍受比挨打受骂或者简单地分手更为痛苦的折磨。这里有女性的敏锐，更多艺术的才情——作家用明亮的画笔描绘出，又以脉脉的柔情抚慰着这一个个流血的灵魂。读者的心弦被拨动了，响起了强烈的共鸣。

李健吾赞叹“罗淑对于生活独具慧眼”。她笔下展现的各色人物多层次的、充满了潜台词的、丰富多彩的感情波动，从细微处将生活中不为人们注意的美好动人的事物转化为艺术上惹人注目的美好动人的画面和情节，并且使之蒙上葱郁的诗意；都显示出她对于生活的确有特别的发现和开掘，作了独立的表现和评价——一个由她创造的独特的艺术世界。于是“她以她留下来不多的几篇文字活在人心”❶。

二

罗淑作品的上述特色和成就，从一开始就大致为人们所发现和赏识。相隔半个世纪之后，如今联系现代文学的历史发展重读这些作品，可以看到另外一些特点和成就；它们同样是这些作品所固有的，也是这些作品从一开始就受到称道和流传至今的原因，只是在最初，或者就作品论作品时，不那么容易充分认识罢了。如果说因为剖析了作品

❶ 李健吾：《记罗淑》

的审美价值，批评家基本上完成了任务；联系文学发展演变的线索，揭示作品的历史价值，仍有待文学史家的努力。

动笔前，罗淑跟友人谈起过自己的计划："小时的生活和四川的一些特别情况，很可以写成一部长篇小说。"友人支持这一想法，但认为"长篇比较难作，起初不妨从那些材料里抽取一个片断，写成短篇或中篇，以后如有必要，再将几个短篇或中篇联贯成一部长著。这意见很得到她的赞成"。❶她随后所写的作品，除个别篇章外，都取材于青少年时代生活过的四川乡间的社会现实，同一个人物出现在不同的作品中，有人推测没有定稿的《鱼儿坳》好象还是一个长篇中的一段"；❷这些实例都说明她正是按照这样的计划写作的。

正当她进行这番酝酿，鲁迅在回顾"五四"以来的小说创作时，把"五四"时期离开家乡来到北京等大都市的作家描写故土乡里的作品称为乡土文学，并且概括它的特点是："精致而明丽的叙述儿时的'轻微的印象'，""展示了……乡间习俗的冷酷"，"描写着风气未开之处"和"乡下的沉滞的氛围气"，"将乡间的死生，泥土的气息，移在纸上"，借以抒发作家的"胸臆"，或者"隐现着乡愁"，或者"闪露着地上的愤懑"等❸。罗淑的作品不同程度地具有诸如此类的特点。从这个意义上说，它们与一二十年代的乡土文学一脉相承，不妨看做是30年代的乡土文学。

不过，两者之间又有明显的差异。新文学初期，那些来到大城市，接受了现代民主主义思想学说洗礼的作家，每当回想起自己的故里以及挣扎其间的乡亲，感触最深的是那里中世纪般的闭塞和沉滞，是人们在封建桎梏下形成的麻木和愚昧，是沿袭了千百年的陈规陋俗的野蛮和落后；在他们的现代人的眼光中，这些都是令人最为焦虑，惶恐、震惊以至于恐怖的。所以，当时的乡土文学虽然有的也写到了经济剥削、政治压迫的阴影，除了正面描绘军阀混战酿成的祸害外，这些方面的内容一般都相当模糊淡薄；用浓墨重彩渲染的，大多是广大农民

❶ 黎烈文：《关于罗淑》

❷ 巴金：《〈鱼儿坳〉后记》

❸《中国新文学大系·小说二集序》

思想意识上所承受的封建主义毒害，小生产方式所带来的重重禁锢，以及由此造成的缺乏民主主义觉悟的精神悲剧。在《故乡》中，鲁迅让“多子、饥荒、苛税、兵、匪、官、绅”等如何把闰土“苦得”象一个木偶人的详情，全都退入幕后，突出的是他尊敬地喊出那声“老爷”和虔诚地挑选“香炉和烛台”等情节。这是一二十年代的乡土文学的普遍特色。

罗淑作品中的主人公也大多是农民。但生活“一天比一天难熬”，已经到了“哪个种田人靠地吃得饱饭”即连最低水平的生活都无法维持的严重地步。她写的几乎都是丧失了和正在丧失土地的农民，或者被迫离开土地另找生路的农民。通过农民被无情地抛出了历来的生活轨道的种种遭遇，写出了农村经济急遽破产的严酷事实。其中写得最多也最能显示出家乡“特别情况”的，是关于盐井工人的小说。他们刚刚转化为手工业工人，都仍然劳动和生活于乡间，除劳动方式变了，其它方面都依然是地道的农民。中国民族资本主义经济发展缓慢，这种盐灶经过多少世代的经营，一直停滞在工场手工业的阶段，保留了许多封建的、超经济的剥削。作品展开了盐灶地狱般的劳动和生活场景：用“不是他催赶牛，倒仿佛是牛在拖他走”的白描，勾勒出赶牛汲盐水的小三疲劳得迈不开步子，随时都会倒下的模样，上夜班的童工为了防止瞌睡，竟然用细小的竹签“把眼皮上下绷起来”；人畜同住，工人“几乎是躺在牛粪便中”；原本“蛮干得象小牯牛”的童工，几年下来就变得苍白，孱弱，走路都是“一飘一飘地象个阴影”；劳累过度的灶工失脚跌进沸腾的盐锅，煮成“烂豆腐一块。”目睹这些的农民抗拒着不愿走上这条道路，却又“无论怎么总免不掉要吃这碗‘咸水饭’”（以上引文散见《井工》、《阿牛》、《地上的一角》、《鱼儿坳》等篇）。和前辈作家不同，她用很多笔墨正面地从经济关系、生产劳动场面描绘农民的生活，或者由此构成作品的主要内容，或者以此作为展开情节的契机和线索，表明这些是使他们陷入绝境的根源；作品因此具有充实的社会生活的内涵。

她还将政治压迫和经济剥削联系在一起描绘。当盐贩们恳请主管盐税的“公垣”不要取消“敷水，”就被斥为“好不懂法律”，安分守己的二爷还以“抗税”、“闹事”的罪名遭到扣押；农妇向盐工求讨盐水，也遭到“穿黄短衣的公事人”“拖你进公埕”的威胁（《地上的一角》）。这些国家机器无时无地不在与他们作对。灶上的管事又动辄以“犯法”作为借口欺压盐工。《井工》中的管事恐吓偷吃了灶上死牛的盐工老瓜说：“你挖坑盗尸，……你吃死尸呀，比盗尸还要罪重。”《阿牛》中的管事也扬言“打母亲算是犯国法，轻则得照厂规办理，重则送县。”这些无知而又蛮横的“公事人”和管事，胡乱解释和执行“国法”，诚然到了荒唐的地步；但这些胡作非为不但丝毫没有歪曲这些“法律”、“公埕”、“公事”的原意，反而由于剥去了伪装和谎言，恰好还这些无上神圣的事物以本来的狰狞面目。正如作品中一位老农所说的：“凡事一说上了公事就不好办了，什么人敢同公事作对头的呢？”（《鱼儿坳》）因为尖锐地揭示了旧中国的国家机器的反动本质，这些作品具有鲜明的政治倾向。

和原先的乡土文学一样，罗淑也写到了人们精神上的痛苦。《生人妻》中的“她”遭到新夫“铁扫把，你是铁——你，你扫光了你那卖草的男人，又——又——来扫我”的斥责，接着又是新夫弟弟的调戏——作为“生人妻”，她也就永远和不祥、耻辱联系在一起，成了人人都可以欺凌的卑贱者了。《刘嫂》中的女佣，善良勤劳，只是因为爱喝几杯酒，就被主人解雇了——既然为人奴仆，连生活上的小小嗜好也成了不能允许的恶行。当《井工》中的管事说到那条牛“拖了二十年的车，有功劳。我把它当人待，给它一副全尸”时，井工老瓜想到了在灶上干了二三十年的父亲跌进盐锅烧死，连副尸骨都没有的惨剧——他们不但被当作牛马使用，其价值和地位却又不如一条牛。作家真切地写出了他们心灵上更为深沉的痛苦。但与一二十年代的乡土文学作些对比，不难发现虽然都在描写人物的内心世界及其创伤，具体的内涵和着重的方面都有所不同。在罗淑这里，因为是把人格侮辱、精神摧残与人物的经济政治地位密切地联系在一起表现的、从属或者附属于后者，这方面的灾难和不幸也就主要并非来自他们自身的愚昧麻木，而是由外界所强加给他们的，因此也不再把由此酿成的精神悲剧主要归结为历史积淀下来的人性的缺陷，而是更多地与具体的社会历史条件联系在一起。有关的描写，褪去了当年的启蒙主义色彩，而散发出更加强烈的阶级斗争的气息。

在现代中国，农民为总人口的十分之九，他们的活动构成整个社会生活最大量的内容；广大农民的痛苦和不幸，是这个半封建半殖民地国家最严重的社会课题；彻底解决这个课题又是正在展开的民主革命的中心任务；“五四”以来的作家，大多来自农村，他们本人虽然大多并非农民，那里发生的一切却唤起他们的关切，也经常触发他们的诗思——这样的社会历史条件，决定了农民形象在中国现代文学的人物画廊中一直占有突出的位置。新文学初期，描写农村生活的作品数量和成就可能都仅次于知识分子题材作品。乡土文学的崛起，成为“为人生”的现实主义文学的重要组成部分。从20年代末期开始，更涌现出越来越多的取材于农村的作品。最引人注目的是蒋光慈、茅盾、叶紫、沙汀、东平等左翼作家的作品；与原先的乡土文学不同，它们大多正面地从经济、政治等方面描写农村生活，对农村现实进行社会剖析，展示农村阶级斗争的广阔画面。如果说乡土文学曾经是“五四”思想启蒙运动的重要一翼，那么这些作品无愧为正在蓬勃兴起的土地革命的有力反映和积极呼应。与此同时，一些非左翼作家的创作中也发生了类似的演变。象以乡土文学著称的鲁彦，从早年的《菊英的出嫁》、《阿长贼骨头》到这时的《乡下》、《愤怒的乡村》，同样出现了从着眼于思想启蒙转向注重社会剖析和农村阶级斗争动向的变化。另一位从“五四”就开始创作的人生派作家王统照，这个时期也写出了旨在表现“山雨欲来风满楼”的农村形势的长篇小说《山雨》。吴组缃笔下的农村，在创作方法、作品内容、思想题旨各个方面，更与左翼作家的作品很难区别开来。他们都同样受到了农村革命风暴的启示和鼓舞。1936年，有位非左翼的作家谈到小说创作概况时指出：“如果我们取鸟瞰的形式来观察这个小小的局面，至少有一个最显著的现象展在我们眼下，……那就是趋向农村或少受教育份子或劳动者的生活描写，”认为这“已成一时风气”。[1]再进一步看，现代文学中这么多农村题材作品，很少有在古代文学中大量存在过的讴歌宁静闲适、渲染淳朴无为的田园生活的牧歌式作品，绝大部分浸透了农民的泪和血，响彻着他们的愤怒和抗争。这在三四十年代的作品中尤为明显。罗淑作品的独特的历史意义，在于承袭了一二十年代的乡土文学的传统，却

---

❶ 林徽音：《〈大公报·文艺丛刊小说选〉题记》

又突破了它的内容和倾向，而与30年代左翼的农村题材作品颇多相似之处；或者说作家的创作初衷更切合前者，作品的实际内涵却更接近后者，所以，尽管她登上文坛已在充满了社会革命意识的左翼农村题材作品有了大的成就和发展之后，仍然不妨说就作品的社会内容和思想主题而言，她的作品属于从一二十年代的乡土文学向30年代正面展开农村斗争风貌作品过渡的形态，留下了从前者出发却向后者迈进的足迹；作为文学历史上的一个迹象，证明了现代文学这种发展演变的普遍性和必然性。

三

不但在社会生活的描绘上，在关于人物形象的塑造上；不但在写些什么，更在怎么写的方面，罗淑的作品同样清晰地留下了现代文学发展演变的重要轨迹。

她笔下的人物，对于整个生活都持有积极的态度。人们都不会忘记《生人妻》中的“她”一到新夫家就忙着喂猪的情景；正因为刚来到这新的环境而不知所措，见到饿得直叫的猪，却立刻“重新唤醒她几年前成了习惯的动作”，十分自然地喂起猪食来了；看到它们争着吃食，竟然“微笑了”。在另外一些作品中，她又多次写到盐工和农民对于耕牛的亲昵和爱怜。路过盐井的二爷，一面替井上的牛赶走“死钉在它们的满是创伤流脓带血的背脊上”的成群蝇蚋，一面痛心地自言自语：“真是活造罪呵！连我们庄稼人的畜生都不如！”（《鱼儿坳》）此时此刻，他们似乎都忘记了自己的处境又何尝比畜类强，反而因为自己能够为它们作些什么而感到生活的充实和乐趣，始终保持着由大地和劳动哺育起来的执着坚韧的意志。正如胡风谈到《生人妻》中的妻子时所说的：“就是被人当作了蚯蚓的东西，但对于合理生活的期望依然不死地在她底心里闪烁”，他赞扬作家写出了“农妇底灵魂”。其中确实显示出这些人物作为劳动者某些本质的性格特征。

这种发掘和刻画，在小说《刘嫂》和散文《轿夫》中表现得最为完整突出。刘嫂的经历异常悲惨：为人拐卖，被人奸淫，当过使女、佣人，也讨过饭，嫁过三个男人，“个个都打我”。当主人嫌她爱喝酒决定辞退她，别人劝她去求情，她满不在乎地表示“别人不要你，估倒干也没意思”。时隔多年之后，她长途跋涉专程看望已经远迁异地的主人（主要是看看当年她看管过的小姐），问她是怎么找来的，她也轻松地回答“‘湖广问到四川’，这一二百里路还有找不着的道理!”生活再艰辛，她都抱着反正“哪里黑就哪里息，一个人总不会饿死”的信念。在罗淑前后，不少作家写过女佣，有的赞美她们的忠厚，有的同情她们的不幸，有的鞭挞她们的堕落；唯有她塑造了一个从苦难中锤炼出来的豪爽不羁、刚强无畏的形象。《轿夫》是篇短小的速写，记述女学生“我”在一次旅行中的见闻。她那由“模样有些特别”的轿夫抬着的轿子，远远落在同伴们的后面。在“我”的责怪下，两名轿夫说明自已女扮男装的身份：

“什么？你们是女人？”我惶惑地问。

“不是女人是男人？”后面的一个咕噜道。

我的一团怒气完全给这几句简单的话语消除得一丝无存，我由不得随口问了一句：

“为什么女人也要跑来抬轿子呢？”

“哈！哈！哈！我的老天爷，为什么！……”后面的一个大笑说。

“为肚皮呵！小姐!”前面的一个接口道。

这句话一完，两个人合拢又是几声哈哈。

因为是速写描绘，不免简略；但这反问，这笑声，特别是“为肚皮呵”的直截了当的回答，都深深地留在读者的脑际了。作家赞美刘嫂是“了解生活的人”，而在轿夫的笑声中，“我觉得那里面夹杂着讽刺，夹杂着血和泪，愤怒和呼号，它使我发起呆来”。她把这些在严酷的现实面前作着挣扎，并且倔强地挺立着的人物，视为生活的强者。这是她的审美评价，同时也回答了她为什么喜欢对人物作这样的开掘和刻画。

一旦生活的运行越出日常的轨道，变得更为残酷难忍时，罗淑笔下的人物也不再只是挣扎着活下去，而是尽其所能地作出针锋相对的反应。前面已经提到,《生人妻》中的“她”是那么柔顺,不惜委曲求全,实际很有主见,终于奋起抗争。老瓜的形象最充分地表现出这样的内容。此人出现在作家的三篇小说中,性格、事迹大致相近,能够相互衔接吻合,可见是个一直在作家头脑里盘旋的形象。她在一篇小说中提到:老瓜作为外号,“这名字的意义是无力,是懦弱,甚至是憨痴,更由这而来的是讪笑,是揶揄”;他“是顶不足算的一批当中尤其不足算的一个”。但当他终于意识到在管事心目中,盐工还不如牛,进而为惨死的父亲和自己感到不平,就偷偷撑着灶上的盐船走了,“到很远的地方去过砍山的生活”(《井工》)。在另一篇小说里,这个人物放跑了被他撞见的贩运私盐的船只,不但谢绝对方的赠金,而且说“赶快走!后面有人来,我会打主意给你们挡住”(《地上的一角》),同样是对于现有秩序的挑战。在这个人物身上,作家写出了自发状态的叛逆意识和抗争行动,不管还是何等朦胧,带有多少盲目性。

这些人物还都有一种不容别人侵犯的自尊心,他们的形象因此具有一种内在的庄严感。刘嫂和女轿夫自强自爱的性格特征都很突出,阿牛和老瓜的抗争,同样是以自我价值的某种觉醒作为思想基础的。当《贼》中的老陈毅然中断鞭打“贼”,承认他是自己的儿子时,他“昂着头,红起一双眼睛,眼珠好象就要裂出来似的,泪还挂在脸上”,一面向逼迫他这样做的人抗议:“我宁肯受夹棍,我受不了你们这种苦刑罪”,一面劝慰儿子:“没怕,毛娃子,同我一起吃官司去。”作家渲染的仍然是人物性格中不能听凭别人侮辱的自尊自重。同样先后出现于三篇小说中的那户迅速破落的自耕农,被迫贱卖丰收的桔子以后,严禁不懂事的孩子讨吃桔子,同时谢绝买主让小孩“随便拿去”吃的施舍式的好意——即使在如此细微处,作家都在突出人物的尊严感。在充满祸患的生活面前,他们不屈服,不气馁;从这些健康、执着、乐观倔强、自爱自重的形象中显示出来的,是他们永不熄灭的求生意志和坚强地活下去的力量。这方面的描写,是罗淑作品中最有思想光彩的部分,也成为她在人物塑造上最为重要的艺术特色。

着重渲染人物心灵中积极美好的因素,是作家的审美选择,也是作家的思想判断,表明了作家对于生活的总体理解。在这些画面中不难看到罗淑所喜爱的车尔尼雪夫斯基、罗曼·罗兰等人的影响,给人物涂上一些理想主义的油彩，以至于有的论者认为她的作品“富有着革命浪漫主义的倾向”[1]。其实它们都是以严格的现实主义做为底色的。作品明白地写出了这些人物之所以能够如此，既不是作家出于政治信仰社会理想强加给他们的，也不是这些人物一时冲动的盲目表现；而是出于他们对于自身处境的清醒认识，也是生活的逻辑发展的必然结果。刘嫂如此自信，是因为她懂得“人只要有两只脚，两只手，到处好找饭吃。我连叫化子都当过了！还有什么事做不来？”老陈不惜暴露与儿子的关系，一起去坐牢，是因为“那里有房子，有饭吃”，不一定比他们的现实处境糟多少。当老瓜撑船远走后，灶上把他那孤苦无靠、瞎了双眼的母亲抓来审问：

> “你替他遮掩没有用，你倒是替他受点苦吧！……”
>
> “怎末？”
>
> “把你关起来，等你儿子来了就放你。”
>
> “把我关起来？”
>
> 瞎子不住地翻动着两只被一层厚白膜包住的瞳子，手杖在地下探打什么，她象是在量度一件极重大的事。她忽然发笑了，笑得有点恶意。
>
> “好的，那我就在你们这儿吧？”
>
> 管事先生忽然象受了侮辱般，脚头踢了瞎子一下，怒吼着说：
>
> “滚你的，你连受扣押的资格都没有……你们一家子！……，”
>
> “瞎子用手杖敲打土地，一步步地走出来，口里喃喃地说：我们一家子，我们一家子……”

不难想象如果让五四时期具有思想启蒙倾向的作家来写，当会从这样的情节中突出人物的麻木不仁、苟且偷安等精神创伤，以唤起疗救的注意。而罗淑从中却更多地看到他们的坚韧和倔强，他们的坦然和无所顾忌。他们敢于蔑视一切，包括对他们的蔑视以至于整个生活。如在上述这场较量中，真正受到嘲弄显得狼狈不堪的，并不是受尽侮辱的瞎子，

[1] 毛一波：《罗淑及其小说》

而是气势汹汹的管事。作家真实可信地写出了这些人物之所以能够如此，并不是由于他们有权有势，而恰巧因为他们一无所有，也并不是出于任何自欺欺人的幻想，而恰巧基于对实际生活的透彻认识——是已经没有任何退路和回旋余地的严酷生活，才造成他们这样的生活态度和人生信念，使这些不幸的人们因此不至于被不幸所吞没，这些痛苦的灵魂也因此没有被痛苦所扭曲。他们都是奴隶，但没有一个奴才；千百年来，受尽剥削压迫的劳动群众的绝大多数，不正是这般顽强地挣扎着生存下来的吗？作家以这样严峻的现实主义描绘揭示了社会生活中一些本质的东西，从而最终地完成了这些人物的艺术塑造。

当资本主义世界的深刻矛盾使不少20世纪的西方作家沉浸于抽象的“宇宙的哲学焦虑”中，半封建半殖民地中国严峻的民族危机和社会危机，使“五四”以来的大多数中国作家为切实得多的社会课题焦虑不已：思考人民、民族的命运，探索改变整个国家的悲惨局面的途径和力量。尽管有自觉不自觉之分，而且有的满怀信心，有的颇多忧虑，有的深为悲观；诸如此类的思虑洋溢于绝大多数作品的字里行间，“感时忧国”成了新文学一个普遍的思想基调。第一个十年间，写到人民群众时，作家往往怀着“哀其不幸，怒其不争”的矛盾心情，更多地侧重于他们心理上的历史积淀和精神创伤，写出他们是消极被动、不能掌握自己命运的一群。从20年代末期开始，情况发生了明显的变化。先在左翼作家的作品中，刻意描写在革命政党领导下，觉醒了的工人农民在思想和行动上都显示出推翻旧世界的历史主动性和不可阻挡的力量。他们已经是改变自己的处境和创造新生活的历史主人。稍后，在不少非左翼作家的作品中也不同程度地出现类似的演变。罗淑所塑造的这些劳动者形象，也都不再是任人宰割、忍气吞声的可怜虫了，而是以不同的方式证明自己的价值，卫护自己的权利，表现出对于自身的尊严和力量的觉醒。他们不但在客观上是人民革命的基本群众，在主观上也正在逐步具备走向革命所必要的思想基础——这些坚韧刚强的灵魂，犹如干柴，只要碰上革命的一星火花，就能燃起燎原的烈火。和同一时期的左翼作家笔下的农民革命者相比，缺少后者的明确的革命要求和行动；但在性格塑造上，包括对于他们作为劳动者的精神风貌和内在力量的发掘方面，要比后者丰盈完整。所以两者不但在总的趋势上是一致的，在具体的描写中也往往可以相互补充。马克思在批评拉萨尔不应该把主要笔墨花在贵族的身上，而应该由农民和城市革命份子来“构成十分重要的积极的背景”时，认为“这样，你就能够在更高得多的程度上用最朴素的形式把最现代的思想表现出来[1]。”从第一个十年到第二个十年的这一变化，显然也有助于作家在反映社会现实，描绘人民和民族的历史命运时，构成更为积极的背景和“把最现代的思想表现出来”。这是上述演变的重大意义所在。

人物性格塑造上的这种发展，反映了作家对于人民命运人民力量的理解和把握上的飞跃。如果说第一个十年的那些描写，既反映了一场刚刚兴起的社会革命尚未成为人民群众广泛的社会实践，农民还没有和无产阶级在实际斗争中结合起来的社会现实，也表达了流行于当时的文化思想界的启蒙主义追求，和作家本身在这些课题上尚有种种疑虑的话；那么第二个十年的变化，同样是与整个社会已经从思想革命的阶段进入政治革命的高潮，在广阔的土地上掀起了革命风暴，工农群众奋起抗争的客观形势有关，也与后起的作家具有更多的社会革命的意识，或者真切地感受到了这场革命有关。罗淑的作品，是深深地留下了现代文学这一前进的足迹的。

四

结合罗淑的生平和思想再作些考察，还可以看到这位作家身上和作品中所显示出来的现代文学发展演变的又一些轨迹。

罗淑的父亲是个屡试不第的读书人，当过县令的师爷，后来弃仕经商，经营盐灶生意——在封建社会向半封建社会演化，帝国为“民国”取代的过程中，他也经历着由士大夫向手工业作坊主的转化。罗淑受过规范的封建教育，即使在自己的家塾读书，也得与男同学分坐两室，并用门帘隔开。但当五四新文化运动掀起的思想解放的巨浪涌进“天府之国”紧闭的大门，她立即为新的思潮所吸引和鼓舞，开始了新的人生抉择：先是进当地的新式学堂，吸取“新学”的滋养；随

❶《致拉萨尔（1859年4月1日）》

后去法国留学，直接体验资本主义社会的物质生活和精神文明。国外几年，在广泛接触民主主义、人道主义思想的同时，着重学习教育学、心理学、社会学，并就地考察教育工作。回国后，一度在具有空想倾向的立达学园任教。她出身于并一直生活于社会中层，是受过完备的西方现代文化思想薰陶以后，走上文学道路的。

但她的作品都是描绘社会底层生活，并以挣扎其间的劳动者作为主人公的；不但由衷地同情、赞美这些善良倔强的灵魂，而且对他们的不幸流露出惭愧歉疚的心情。在看来是直接取材于自己青少年时代实际见闻的小说《刘嫂》中，毫不掩饰对于母亲辞退刘嫂的不满，认为这“伤害”了对方；还谴责自己在几年之后的重逢中，“竟把这一个和我有过深厚感情的女佣”忘掉了。在能够更直率地袒露作家内心的散文中，几乎每一篇都充盈着这样的情愫。当《轿夫》中两名女轿夫说明了自己的性别，她们的爽朗笑声和“我”的“木然”形成强烈对比，突出的是“我”在这“夹杂着血和泪，愤怒和呼号”的事实面前，对于生活的惘然和疑问——一切都需要重新认识。《捞粪草》同样把不懂劳动和生活艰难的“我”，置于受农民嘲笑的尴尬境地。《弄堂里的叫卖声》写的虽然是小贩叫卖的不洁食品给吃了这些零食的孩子的母亲带来的忧虑，想的却是“卖零食的若是不叫卖，或者他的孩子的母亲又会哭了”。作家不但没有因为自己非其族类，而与这些底层群众产生思想感情上的隔膜，反而因为实际存在着的生活上的距离而格外感到不安以至于自责。这里没有任何居高临下式的怜悯，反而是力图设身处地地理解这些人物，并以他们的眼光观察生活，包括审视作家自己的努力。对于所描写的人物，表现出一种基于人道主义却又超越了人道主义的博大胸怀，对自己则是一种深入生活底蕴的反思。

在她写得最多的有关盐井生活的小说中，从来不以盐井主人的视角，而是从盐井工人的立场展开所有的艺术画面，全部笔墨也都用来描绘前者对于后者的削剥压迫和凌辱，以及其中形形色色不人道不公正的罪恶。除了前面提及的那些情节，她还一面通过第三者之口直截了当地揭示阶级矛盾的严酷事实：“象你们这些人总有一天要着灶户老爷挤干的哩！……总之他们越发，你们就越败！”“他们发就只有你们倒灶了，难道个个都发财？”（《地上的一角》）一面又用浓重的笔墨点染盐井原始落后的生产方式如何严重地污染了附近的自然环境，比如由于“浓黑的煤烟的赐予，这里的树木多着一层黑霜，天空的颜色仿佛也给染得暗淡了”，和触及盐井野蛮残酷的剥削压迫，使“那些给粗劣的食物和繁重的工作磨折够了”的盐工道德堕落的恶浊社会风气，不断发生相骂、殴打、赌博、玩女人直到相互残杀等事件（《鱼儿坳》）——勾勒出一个自然界和人们的心灵都见不到阳光的黑暗王国，自然界和人们的心灵都失去了平衡和规范的变态世界。盐灶的存在不只剥削了直接雇佣的盐工，给整个社会整个生活都带来了莫大的公害。作家在这些描写中表露出来的，已经不只是上面提到的那种不安和自责，也超出了 19 世纪俄国一些出身贵族却倾向平民的进步知识界对于人民群众的负疚感赎罪感；而是对于自己隶属的家庭和阶级的无情揭露和愤怒控诉。有的论者指出在罗淑之前，“似乎还没有第二个作家注意（盐井）这个偏僻角落”[1]。需要补充的是，在文学作品中对于盐灶的罪恶作出有力的批判和彻底的否定的，也首先由这位盐灶主人的女儿承担起来了。

近年来有人在作家家乡调查，收集到这样的生平史料：“罗胡子的幺女娃子（指罗淑）留洋回国后，曾多次写信，要她的父亲把盐灶房的工匠待承好些，还劝说她的父亲和哥哥将灶房施舍给穷人”，当年这一地区流传的“顺口歌谣”中有“聚兴灶罗胡子……的留洋女子，劝他将灶房施舍了它”的词句。[2]因为当事人都已不在，又没有留下任何可以作为凭证的文字材料，难以判断这些传闻是否属实。如果仅就此事孤立地看，无论把“工匠待承好些”，还是“将灶房施舍给穷人”，都不是解决社会矛盾、改变盐工命运的根本途径，反而不免使人联想到托尔斯泰式的慈悲心肠。但是联系她在作品中所表现出来的如此强烈的思想情绪，她有过这类打算和建议的可能性是存在的，同时也进一步说明她不只是在作品中抨击盐灶的罪恶，在实际生活中也对此采取唾弃否定的断然态度。她对于这种剥削压迫行径的憎恶和愤懑，首先自然由青少年时代的耳闻目睹激发的，其锋芒所向也无疑包括了自

---

[1] 李健吾：《记罗淑》

[2] 据罗宣如致马小弥信（1982 年 11 月 16 日）

己的作为盐灶户主的家庭在内。这是思想感情、阶级立场的彻底转变：不但背叛了自己出身的阶级，而且超越了所受过的教育。人们从中看到了她为寻求新的生活和合理的社会制度身体力行的身影。

作出这样的抉择，自然有她个人经历和性格上的原因。她的父亲思想比较开明，支持儿女进新式学堂和到国外留学的要求，为她接受新思潮创造了一些良好条件。她不畏强暴，在中学念书时，当面斥退一群全副武装、拦路戏弄女学生的军阀官兵；她敢于对抗陈旧习俗，当地妇女不到二十岁都得定亲，她坚持"把书念完"再说，直到二十六岁才结婚；当她和未婚夫马宗融一同去法国，乡亲们说"老马来带你出国了"，她也要纠正说"男女平等，不是他带我，是我同他一起到法国去读书"，表明她有很强的独立自主的自觉意识；在回国的外轮上，三岁的女儿受到外国孩子的欺侮，向她哭诉，她却批评说"为什么让个德国孩子抢走了你的东西？你要是不去夺回来，就不是我的女儿"，[1]在如此细小处也表现出她的正直刚烈的性格。不能低估她作为创作主体的这些个性特征的作用。就心灵的共鸣而言，难道不正是这样的性格使她更容易觉察又更善于描绘人们性格中那些倔强勇敢的因素，使她在人物形象的塑造上具有前面提到过的那些特点，那么在对于自己应该选择怎样的人生道路，人民群众应该有怎样的生活，社会应该有怎样的秩序和制度这样一些更为重大的课题面前，这样的人作出这样的决裂和超越，自然更不难理解了。

不过，当年在生活道路文学道路上作出这样选择的，远非罗淑一人。中国现代文学的奠基者鲁迅，说过自己早已"憎恶这熟悉的本阶级，毫不可惜它的溃灭"。罗淑的挚友，中国现代文学的又一位大师巴金，以"我控诉"概括自己许多作品的基调，其笔锋所向包括了自己出身的豪门巨族，还以所谓"家"不过是宝盖（"宀"）下面一群猪（"豕"）的讽刺，表达对于腐朽堕落的封建家庭的无比憎恨和最大蔑视。"五四"以来，确实有为数众多出身于社会中上层的作家，以"绅士阶级的逆子贰臣"（瞿秋白语）的身份登上文坛。既然这不是个别现象，除了作家个人的主观原因，还得从客观的社会历史条件寻求普遍的也更为重

[1] 罗淑的生平材料，主要根据马小弥的《关于母亲的点滴回忆》和《罗淑小记》两文。

要的缘由。“在阶级斗争接近决战的时期，统治阶级内部的、整个旧社会内部的瓦解过程，就达到非常强烈、非常尖锐的程度，甚至使得统治阶级中的一小部分人脱离统治阶级而归附于革命的阶级，即掌握着未来的阶级。……现在资产阶级中也有一部分人，特别是已经提高到从理论上认识整个历史运动这一水平的部分资产阶级思想家，转到无产阶级方面来了”。[1]马克思和恩格斯所概括的这条阶级斗争规律，完全适用于说明中国现代文学史上的这个事实，虽然并不一定都已达到“从理论上认识整个历史运动这一水平”，或者成为无产阶级的战士了，“阶级斗争接近决战”的客观形势的确使许多出身社会中上层的作家背叛自己的阶级，以不同的方式与劳动群众站在一起，或者反映他们的生活，或者表达他们的要求，包括他们对于作家原先所隶属的阶级的愤怒控诉。人民革命形势的迅速发展，使这种趋势日益明显而且普遍。这构成了中国现代文学发展演变的又一个重要内容，也是文学创作所以会有前面提到的那些发展演变轨迹的一个重要原因。罗淑在作品中关于盐灶生活的充满血泪的揭露，在实际生活中与这种剥削行径的彻底决裂，是现代文学这种发展演变的典型事例，也留下了现代知识分子义无反顾地走向人民的清晰足印。

五

以上从罗淑及其作品谈到现代文学发展演变的轨迹。如果这些分析和判断能够成立的话，还可以从中得出一些有关文学研究工作的结论。

从前面的分析中可以看到：无论是一二十年代的乡土文学到30年代的农村题材作品的演进，还是现代作家关于人民命运人民力量认识的飞跃，或者他们自身政治意识的强化和趋向激进，都是与现代中国的社会历史条件分不开的——如果不是处于这样一个革命形势高涨的年代，很难设想会有这样一些发展演变。普列汉诺夫以西欧的文艺历史作为主要研究对象时，对上面引用过的《共产党宣言》的著名论断

[1] 马克思　恩格斯：《共产党宣言》

作了小小的补充："在那些转到无产阶级方面来的资产阶级思想家中间，我们很少看到艺术家。"[1]而在现代中国，情况似乎正好相反。一部中国现代文学史，要比同一时期里文化思想领域的其他许多部门（如哲学、经济学、政治学、法学、史学直到成员众多的新闻界、教育界），为这条阶级斗争规律提供了更多的例证。这一事实，同样得从现代中国的社会现实以及文学在其中的地位和作用等具体的历史条件寻找解释。五四文学革命和中国人民新的觉醒、人民革命新的高涨同时发生，原是这种精神觉醒、革命勃兴在文学领域的反映和产物。由此诞生的新的文学，从一开始也就与人民、与革命有了特别密切的关系。在这以后，社会危机的日益严重和革命运动的迅速展开，更是不断地给比其他文化形态更贴近生活的文学，和思想感情特别敏锐的作家以冲击。即使那些最初对于这一时代潮流不怎么自觉的作家，不少也陆续走上这样的道路。于是出现了 20 年代中后期创造社诸子那样的例子：在严酷的社会生活面前，他们为自己原先对于"艺术"、"自我"的钟爱感到不安以至于羞愧，直接投身实际的社会斗争；受到过"为艺术而艺术"影响的这些浪漫主义者，率先举起了革命文学的旗帜。又出现了 30 年代后半期何其芳那样的例子：悲惨的现实生活撕破了他精心编织的"梦"，回到现实的"故乡"他反而要去"摇醒"别人，进而"歌唱延安"了；这位曾经以唯美主义著称的作家成为文学的工农兵方向热诚的阐述者和捍卫者。不管需要经历包含文学观念在内的思想感情上多么艰难的变化，和包括物质利益在内的阶级立场上的根本转移，众多的出身于社会中上层受过完备的封建主义、资本主义文化艺术薰陶的作家，在一批又一批地、一步又一步地走向人民、走向革命，并且共同地赋予中国现代文学以鲜明的平民性质和强烈的政治色彩。从中国历史作纵向比较也好，与世界文学潮流作横向对比也好，这都是"五四"以来的中国现代文学的一个重要的历史特征。1940 年，何其芳在回答"你怎样来到延安的？"的提问时说：在《画梦录》"和延安中间是有着很大的距离的，但并不是没有一条相通的道路，"并把自己的这

---

❶《艺术与社会生活》

段经历称为“一个平常的故事”。[1]这其实是一条在现代作家中间带有一定普遍性的道路，也的确是现代文学史上一个并不怎么奇特的故事。他们走上这样一条道路，当然各有个人偶然的机遇，更是出于各人特殊的努力、追求和抉择，但在所有这些的后面和深处的，是那样的时代起着推动直至决定的作用，也唯其如此，他们才会得以从不同的方位以不同的方式，不约而同地走到一起来了。

近年来，有感于长期以来占支配地位的文艺社会学的批评分析方法给研究工作带来的过于单一、粗糙以至于凝固而为呆板模式的不良后果，我们努力从另外的角度以另外的方法，作了一些新的探索，从而开阔了视野，活泼了思路，对于同样的文学现象和文学历史也多有新的发现和理解，尤其在艺术构思的细微奥妙处。但人的本质是社会关系的总和（马克思语），文学艺术又是“时代”的生活和情绪的历史（高尔基语），文学作品作为社会一员的作家描绘“时代的生活和情绪”的结晶，无论从哪一个方面哪一种意义上来看，都是和一定的社会历史条件不可分割地（自然又是不同程度地）联系在一起的，包括那些纯艺术纯粹技巧性的因素在内。我们诚然需要从不同的角度不同的层次阐述文学的性质，而它作为一种社会意识形态，毕竟是个基本事实。我们也理应充分估计文学自身以及与外界的各种联系，而它与社会历史的联系以及这种联系对它的内部结构的影响（也是一种联系），毕竟都是不容忽略的环节，文学研究如果完全舍弃社会历史的分析，不少现象和问题都难以得到充分的解释。上面关于罗淑和中国现代文学发展演变若干轨迹的考察，可以说明这一事实。

不过，这决不是意味着又要回到过去那种批评分析上去，更不是说原先的研究完全对了。罗淑的例子同样有助于证明这一点。从现在掌握的不多的生平史料看来，罗淑在组织上、人事往来上，都与中国左翼作家联盟没有什么关系（她的处女作是在“左联”解散后不久发表的）。她没有直接参加过人民革命的实际斗争，也没有接受马克思主义作为自己的理论信仰。她所受到的影响，主要来自一般的民主主义和革命民主主义，以此构成她的人生观世界观的核心。此外，还有种

[1] 《一个平常的故事——答中国青年社的问题：“你怎样来到延安的？”》

种迹象表明她与无政府主义有些联系。她留学的法国，当时是无政府主义运动的世界性中心，近现代中国的著名无政府主义者不少就是在法国受到这种思想学说的洗礼的；她的友人中，有的有过无政府主义的思想信仰（如巴金），有的以无政府主义者著称（如毛一波），她的丈夫也与这个运动有关；她回国后任教的立达学园，从创办人匡互生的思想行动到学校的方针措施，都带有明显的无政府主义色彩。看来也正是这种小资产阶级的社会主义思潮，使她的生活信念和思想立场激进化了。作品中对于一切剥削压迫行径的深恶痛绝，特别是对于旧的国家机器的猛烈抨击，显然超越了民主主义、人道主义的水平，也可以从这种影响得到部分的解释。由于以上各点，虽然早就有人称她为“社会革命的斗士”，虽然这些思想信仰并没有妨碍而是推动了她与旧世界的彻底决裂，并且行进在与当时的左翼作家、革命作家一致的文学道路上，她从来都是被排除在我们所说的左翼作家、革命作家行列之外的。如果这里所谓的“左翼”、“革命”，只是作为特定的文学团体、流派的一种标志，只是为了说明作家与中国共产党领导的人民革命和左翼文学运动的直接关系，而不包含其它实质性的褒贬的话，这样的判断并不是不能成立，本文也没有为作家争取这些称号的用意。问题在于从50年代中期以来，随着按照社会主义现实主义从萌芽到发展成长的线索，观察、编写、评价中国现代文学历史的原则的贯彻，逐步形成了将不同派别倾向的文学分成主流、支流、逆流，把各种派别倾向的作家区别为主力军、同盟军、反动势力的分类模式。象罗淑这样，理所当然地当不上主力军，只能划归支流了。这样的分类显然已经不是对不同文学流派倾向的理论概括，而是给作家作品的是非功过、历史地位作出最终的判决。把这样一位鲜明地体现出现代文学发展演变的重要轨迹的作家，打入“副册”，距离作家作品以至于这段文学历史的实际难道不是太远了吗？或许有的论者会反过来提出这样的疑问：如果把这样一位并非左翼的、与党所领导的革命运动又无直接关系的作家，也作为主力军包括在主流之内，那么还有什么主力军同盟军、主流支流可分呢？这样的反问非但不能为这种分类辩解，实际上正好进一步证明把这类政治概念生搬硬套地用于文学研究，从观念和方法上就是不合理、不科学的。

过去的失误在于把政治作为对文学及其历史进行各种分类和作出各个判断的绝对的、唯一的依据，并且总是把政治理解得极其狭窄片面，带上明显的偏执情绪和宗派性。从文学观念和研究方法而言，这种唯政治的分析和充满宗派色彩的论断，哪里是什么文艺社会学，而是十足的庸俗社会学；它以一种抽象的、无所不能也无所不在的政治标准的任意使用，代替对于作家作品的具体的社会历史分析；其理论上的错误也不在于机械论，而是地道的主观唯心主义。不摒弃这套庸俗社会学，就谈不上正确地运用社会历史的批评分析。

近年来，受到比较文学的启发，也由于综合分析、宏观考察等方法的提倡，对于作家作品进行比较的作法在我们的研究工作中迅速增多。这无疑有助于提高我们对于有关的作家作品和文学历史进程的认识。但为什么要作这样的对比，通过比较究竟要着重说明些什么，它在整个研究工作中主要起些什么作用，彼此的理解和作法并不一致。本文一再拿罗淑和其他作家相比，而且由此得出一系列结论。既有与一二十年代乡土文学的纵向比较，也有与同一时期其他作家的横向对比，或者找到其中的同，或者比出两者之异；有时主要说明同中仍有异，有时着重探讨异中还有同。但不管如何对比，比较的结果又如何，主要都不在于判断他们中间谁优谁次，孰高孰低。不同的作家作品之间自然会有差距，文学创作也总有好坏美丑之分，但作为艺术形态，是无法象体育竞技那样分秒不差地裁判出先后高低的名次来的。在比较研究中，当纵向比较时，不同时代的作家站在不同的生活和艺术的基石上，站在不同的历史台阶上，这些都给他们的创作提供了不同的前提和营养，或许后来者正是以前辈们的终点作为自己的起点，很难离开了这些，去计算他们个人的绝对高度，比较出彼此的高矮来。在横向对比中，虽然所比较的对象属于同一个时代，不同的经历和教养，对于生活的不同把握和对于艺术的不同追求，同样使他们的作品具有不同的个性和风格；又怎么能以同一的尺度量出个人的短长，岂不是犹如硬要给艳丽的牡丹和淡雅的水仙定个高低一样使人作难和没有多大的实际意义？所以，通过这样那样的对比判断作家作品的优劣高低，看似直捷，实际很容易顾此失彼，而难以作出恰如其分的裁决。在文学研究特别是史的研究中，使用这种方法的根本意义在于：一、通过比较作家作品的异同，容易具体地准确地把握住各自的特点，以及各人独特的成就和贡献；二、从这些分散的文学现象中找出内在的联系，从这些前后的异同和变动中理出文学历史的发展线索；三、从而为总结文学历史的经验教训和客观规律，提供充分的论据。这些方面，才最能发挥比较分析的长处，也正是文学史家的主要职责。这是本文运用这种方法的小小体会。鉴于在我国的文学研究中一向有给作家排座次、评分数的习惯（李白杜甫谁更高，不是研究了争论了千百年？郭沫若和茅盾，或者茅盾和老舍又究竟谁更好，不也正在成为热门的话题？）而比较分析在当前的文学研究中方兴未艾；谨提出这点想法和建议，供同行们参考。

1983. 10-1987. 7

罗淑和她的小说

毛一波

一

罗世弥（罗淑）女士是民国二十七年春初逝世的，至今已满三十周年了。

那时她返四川才三个多月，先是和丈夫马宗融、女儿马小弥借住在成都少城内泡桐树街的一家独院里。少城在清朝曾为旗人的聚居之所，那一带地方幽雅，屋宇整齐，树老庭闲，时多花香鸟语。有一天，我和两三旧友乘暇往访，初见世弥，即觉其丰神秀朗，意态坦诚。小弥年方八岁，洋装打扮，俨然洋囝。这是对日抗战第一年仲冬的事。自此，围炉茶叙，往来便多。我家住城东桂王桥东街，同住又有几位教授和记者。世弥因待产关系，时向城东的仁济女医院检查，也常顺路前来坐坐。再则宗融挂名省府顾问，专在川大教书，而一般文人学士便多有到泡桐树街和桂王桥东街两家跑跑的了。何况世弥是文艺作家而宗融又最是好客的呢？我常戏称马府的客厅为“文艺沙龙”，世弥也以为有趣；不过，她已大腹便便，常爱静居，朋友们也不敢多扰罢了。不久，她们移居东门外府河之畔的小楼一角，明月清风，正宜写读。世弥曾笑说要把宗融关在楼上，逼他续译左拉的《萌芽》，可惜他始终未把左书全部翻译出来。

二

罗世弥是四川简阳县人，生于民国前六年。她家应当是个世家。大哥罗世安，留学法国，曾任外交部参事、驻法大使馆一等秘书，弟弟罗叔度，大学毕业。世弥老家距成都不过百里，她进的是成都省立女子师范学校，毕业后，就为马宗融迎往法国结婚。宗融和世安，在小学和中学都是同窗，后又同在法国念书。马罗的联姻，当出于世安的促成。

世弥到了法国，可能是进的里昂中法大学，时宗融在里大任秘书。他们于民国二十二年返国，在上海南翔的立达学园农村教育科任教，已有一个三岁大的女孩马小弥。过了两年，她们全家到广西去，宗融在广西大学教书。至民国二十六年上学期折回上海。七七事变发生，上海不易安居，他们乃由沪乘车西上，九月到衡阳，十一月才安抵成都。

在成都过了农历新年，世弥即住入四圣祠的仁济女医院待产，只因医院离我家较近，我和妻常去陪伴她和送点东西。她于二十七年二月十六日（农历正月初十）平安的生下了一个男婴，取名少弥。但产后发热，延至同月二十六日上午九时，竟以腹膜炎死去。时宗融在侧，电话通知我妻，妻又电知我的办公处，十时半我赶到医院，世弥的遗体已经放进停尸房了。当天午后三时，宗融、谦弟、我和妻子四个人，寂寞的伴送她的长棺到东门外的地藏寺去。我事后描述过当时的情景："太阳渐渐的西斜了，地藏寺的破瓦颓垣，收留了几多过客。一树老桂，一株新柏，世弥的长棺就殡在那里。"这是悼念文《殡》中的一段。那时我正编《华西日报》副刊，还为世弥出了一个纪念的特辑，挥泪为文的，其中曾有沙汀（杨子青），周文（任毅天），任钧，陈翔鹤等几个新文艺作家。

此后一月光景，宗融在成都西门外找到一块墓田，正式把世弥在那儿下葬了，稍后，我有过两首绝句，诗题是《再出城西南郊》，副题是《吊世弥墓》。诗云：

菜花黄过对山隈，遥指前村落绛梅。
新减堤边三尺水，柳丝横渡小溪来。

山林依旧东风紧，鹍鸩无声宿草青。

未到春分春半老，独怜新塚伴沙汀。

三

世弥的写作开始于留学法国时期。她的法文学得很实在，能读能译。她转译了一册旧俄作家的《何为》（文生版）是描写争知识争自由的女性觉醒的书。她的创作不多，最初发表在文艺期刊上，以“罗淑”为笔名，淑是贤淑之意，她的确是一个贤淑的人妻和人母。她最引起文坛注意的一篇小说是《生人妻》，发表在一九三六年（民国二十五年）九月份的《文季月刊》（非《文学季刊》）上，《文季》是郑振铎、巴金合编的，当时该刊内容，大半是载的一些年轻小说家严肃的作品，艾芜、沙汀、芦焚，是他们中的一群。世弥创作的时间不长（正式创作当在南翔时）产量不多。但《生人妻》确是“一鸣惊人”之作。就在同年冬天出了单行本（文生版），是加上另几个短篇集成的，书名就叫《生人妻》。我在民国二十七年的成都《中央日报》副刊（瞿冰森编）以《罗淑及其小说》为题，写过三四千字的介绍和批评文字，而剪稿已失，自己今已忘记曾经对它说过些什么了。

现在我能够重新读到《生人妻》一篇，正有着恍如隔世之感。

《生人妻》的题材相当普通，但富有地方色彩，又是作者所熟悉的和大家能够了解的。她写出她所知所见的事情和感受，但非常的冷静客观，不带半点宣传意味。自然，作者有其一定的立场，基于道德正义之类，这小说是有其主题的。因为就社会过去一时的情况，透过艺术的手法而忠实的描述出来，当会显出一些深刻而恒久的道理，这道理自能引起细心读者的共鸣。

《生人妻》是张风土画，地理环境是作者故乡的沱江上游，时代背景当在清末民初。人物是一些升斗小民。她写的是一个穷人“卖妻”的故事。卖妻的习俗，古已有之。譬如京本通俗小说中的《错斩崔宁》，就有酒后戏言“卖妻”因而造成冤狱的事（近人的《破晓时分》也许仿此）。所以我说这题材相当普通，也不止四川才有。

《生人妻》的作者，她用秀丽和洗练的笔，勾画了小说中几个人物的面貌和心性，更描出了当时还存在着的乡土风习，没有夸张和渲染，好像一幅静物画。话虽是这样说，在作者冷静的笔触下，也隐约的透出过一些强烈的感情，这多是一种气氛，是意在言外的。但我们由此了解那个男尊女卑的社会情状，那些男女们的道德观念、经济观念和人事关系，更了解小说中男女主角的穷而无告的无可奈何的感情和他们善良的心。

世弥少读俄法作品，宗融又一再译述屠格涅夫的《春潮》和左拉的《萌芽》，想来对她的写作不无影响。她那一支如桨的笔，是最形象化了她自己小说中的人物的。她善用谚语和土语（方言，恕不举例），使对话生动，描述真切。所以就全篇看来，风格素朴，颇为不俗。

我记得作者也有志于长篇，曾开始写《井工》，以简阳的"石桥井"为背景，那儿是川北井盐较小的一个产场，盐工生活，值得描述（另一作家王余杞有《自流井》之作，即以自贡盐场为背景的长篇小说）。可惜作者不寿，否则她的写作前途当是不可限量的。

一九六八年三月

（录自《中国近代作家与作品》，1980 年台湾纯文学出版社）

《中国新文学史》（节录）

司马长风

巴金在纪念罗淑的文章中说："世弥是一个平凡的人，甚至在外貌上也看不出一点锋芒，……她的文笔并不华丽，那里面有的是一种真实朴素的美，她把她的热情隐藏在温厚的外表下"；又"她不喜欢表现自己，她写文章也不愿意让朋友知道"。

尽管罗淑创作时间这样短，留下的作品这样少，但《生人妻》是使人难忘的佳作，是收获期女作家短篇小说的一面锦旗。

《生人妻》这篇小说情节很简单，一个卖草的山农，在穷途末路（背景是军阀统治下的四川，那是近代中国最黑暗痛苦的时空角落）时，把妻子卖了。过门当夜因为遭受新丈夫的辱骂和小叔子的调戏，她便连夜逃了回来，天明回到家才知道，因为她逃婚，丈夫已被人抓去了。

那个时代同样的悲剧不知有多少，但是把它凝结为艺术留传百代，我们不得不感念罗淑的笔力。

卖妻对一个男人来说等于天塌地陷。这一沉重的感情，本来很难表达，但罗淑却举重若轻，借丈夫考虑卖妻时忽发恶狠的脾气，反映心如刀绞的恼火。

> "哎呀！该死！"她失手把一碗煮好的玉米糊泼倒了，赶忙自己抱怨说。话没完，一块灶砖向她脑顶门飞来，她本能的躲闪开了，来不及愤怒，她就发现丈夫的异常样子，反而惊惶失措的喊道。
>
> "你怎么啦？我的老子！一点儿小事，值得光火……"

“光火！光火！看见你，老子就气大……有你这瘟丧！老子没得好日子过——”

他卖她并不是为了自己，也不是因为嫌她憎她，而是因为爱她；那个居间讲生意的九叔公说：

“……你两个安心眼对眼的看着饿死吗？依我说，放她一条生路去，你那个媳妇儿！……”

他扔灶砖打她，当然有点心疼那碗玉米糊，主要是舍不得她，又不得不卖掉她，做不起男子汉的恼恨！她初听被丈夫卖了，一把鼻涕一把眼泪连声骂他“狼心狗肺”，可是当她看见丈夫从床头下的稻草中摸出那个白晶晶的三寸长的“银发簪”，她戴了二十多年，饿极了送进当铺的“银发簪”，扑簌簌的落下了泪珠来！

女的牵起衣角揩干眼泪，看着静穆得象一尊塑像似的她的丈夫说：“我走！”

男的点点头，不作声。

她踉跄的走不到多远，似乎记起一件大事，回过头，提高嗓子，急急的遥遥的喊道：

“当家的呀，你那件汗衣洗了晾在桑树上，莫忘记收进来！”

………………

这段文字有多朴素，又多美。朴实无华，蕴发着不可抗拒的美，这正是罗淑的才能和风格。她深刻的观察了人性，并且从容的把它表达出来。她笔下的农夫和农妇，正是千千万万中国农村男女的典型，无论苦到什么程度，心底都藏有爱和割不断的情。这使人想起沈从文《丈夫》里所写的那些“妓女”。这样好的男人和女人，却被贫穷压迫得这样痛苦，这正是近代中国望不见边的大悲剧。

（选自《中国新文学史》，1978 年 12 月香港昭明出版社）

《中国现代文学史》(节录)

唐弢 主编

创作倾向与左翼作家相似的还有罗淑(？-1938)。她有《生人妻》、《地上的一角》、《鱼儿坳》等三个小说、散文集。其中《生人妻》一篇,写四川沱江上游山地里的一个农民,在贫困无助的情况下终于不得不出卖妻子的故事,作者以女性的敏感和同情描画了这一对夫妇的悲剧命运和纯朴真挚的感情。就题材而言,这篇小说颇与柔石的《为奴隶的母亲》相似。但柔石着重表现母亲的顺从和由此而来的屈辱,罗淑却突出妻子的倔强和从而爆发的抗争;不仅写出了农民的深重苦难,也表现了他们最初的觉醒。由于写得深切动人,《生人妻》发表后受到文艺界的重视和好评。

(选自《中国现代文学史》,1979年11月人民文学出版社)

试论罗淑的《生人妻》

也　斯

罗淑的《生人妻》是一篇好小说，但她在生前只发表过四个短篇。幸而她的朋友把她的作品结集，我们今天才有机会读到。在《生人妻》的附录里，巴金、黎烈文和靳以对她都很赞赏。他们都说，她是一个慷慨大方的朋友，又是态度认真的小说家。她的小说写得少写得慢，据说还留下几篇初稿，现在都没法看到了，真是可惜。

罗淑 1903 年生于四川，二十多岁赴法留学，与翻译家马宗融结婚，回国后开始为《译文月刊》翻译文学作品，并在友人鼓励下，尝试创作。她的第一篇小说《生人妻》发表于巴金和靳以合编的《文季月刊》，获得不少好评。但她并没有多写。抗战爆发后，她从上海往广西，又因丈夫失业，一家人转回成都，不料就在那儿因产后发热逝世，当时不过三十五岁。作品结集有《生人妻》、《地上的一角》和《鱼儿坳》。

对早逝的作家，我们往往喻之为流星，惑于那偶然的闪光，有时会忽略了深度；赞美那青春，又容易把小聪明当作大才华。罗淑却不是的，她的作品不是那些精巧脆弱的东西，正相反，一开始就显得深刻、稳实，仿佛从泥土中生长出来，牢牢地站在那里，敲得出宏亮的声音来。

《生人妻》

她的小说都写故乡四川贫苦人家的生活。《生人妻》写一对卖草为生的贫贱夫妻，最后生活委实没法维持下去了，做丈夫的迫得把女人卖给别人为妻。

读三四十年代的小说，往往会发现一些“描写的浪费”，一大段一大段的描写，跟全文的主旨无关。《生人妻》里的描写，却多半没有白花。比如一开始，描写这对夫妻所住的地方，是“一个盆形的山坳”，山腰上“山茅和乱石中间孤零零的蹲着的那间矮屋”，这外面景色的描写跟屋内人物状况的描写是切合的：“屋里的一男一女，像受了极大的重压，不言语，也不动弹，静悄悄的，陷在这死一样的岑寂里。”作者写这对被生活压得透不过气的男女，写他们“像受了极大的重压”，后来写他们割草时也是写“他们弯了腰，低了头”；而在未开始正面描写他们以前，他们的屋子已是形象化地写作“山茅和乱石中间孤零零的蹲着的那间矮屋”：屋如其人，也是被挤压住，挺不起胸膛来的。

至于说住的是“一个盆形的山坳”，后面也有一个很好的呼应。写到外面的人来这儿谋生，使他们更见拮据，是这样写：“这一片本是空旷的山坳，好像一支已经装满不能再多加一滴水的小盆，有新的渗进来，就得有旧的流出去，而流出去的正是和这双夫妇同一命运的乡邻。”作者信手沿用上面的“盆”的比喻，看来自然不过，又加上新的阐释，丰富了这意象，使它更切合全文的主题了。

这一类描写，不是雕虫小技。作者不是粗略地把故事说个大概，是把意旨有机性地编入全文，使它长满丰富的血肉。小说里用自然生物界的比喻很多，这固然是因为故事发生在自然环境中，但另一方面，还可以有另一种意思，使作品有深一层的意义，这里试分析一下。

小说开头写那些山坳的居民，在山上山下活动，但形影往往被过多的林木遮掩住，“使人会疑心到这是一个无人的境地”。这儿当然不是无人的境地，是有人的。但真有“人”吗？那也很难说。这儿的人，因生活而被贬抑，降到比人更低下的地位。他们因青草、青杠实和地衣而担心。作者描写他们求生时说：“像两匹极度饥饿的兽”。

事实上，小说中用了许多昆虫禽兽的意象。丈夫在思量卖掉女人时，坐在满地蠕动的蚂蚁中间，“内疚像毒虫的口，在他心上恶狠狠叮了一下”。两人分手前夕，屋后传来猫头鹰的不吉利的哭号。女的骂男的“狼心狗肺”。男人把妻子卖给谁提起都要吐唾沫的瘦鬼大胡，那人在他弟弟小胡眼中，是长着一双“老鼠眼”的。当女人走进坐满客人的堂屋，瑟缩立在屋角，就“像只被狡猾的老猫作弄得很久却又不肯一口吞下肚去的小老鼠”。而其中留给人最强烈印象的当然是猪圈的两场：

首先是女人下轿后，由新的婶娘招呼她，叫她进猪圈里洗个澡，“洗晦气”。这猪圈，“木桩围成的圈，占着这间充满粪和潮湿气的暗屋的一角，圈里有几只半大的黑猪，像是饿了，有的在舐食槽底仅有的余沥，有挤不上前的，立在旁边，愤愤的向它们发出威胁的鼻音，骤然的灯光使牠们感到不安，略微骚乱一下，牠们即又求乞样的，仰着给过于肥肿挤成一条线缝的眼睛望着进来的人。”在这里，女人被贬到猪的位置，与猪处于同样的地位。作者更含蓄的地方，是银发簪的对比。女子与她丈夫分手时，男人拿出一个银发簪，那是她用了二十多年，不久前才押出去的，现在他赎回送她。他们虽然又打又骂，但她还是被这发簪感动了：“银簪直是一柄锋利的剑，给他们划开了心的隔膜，就从那裂缝中涌出纯朴的真诚的感情。”因此她才自愿动身。她下了轿，来到这新的夫家以后，婶娘也同是送她一件银簪。这婶娘的亲昵和微笑，正好跟她原来的男人的木讷无神成对比，但虽然这婶娘说尽好话，又自夸这簪多好（她男人只是说：“哪！把这带去。”）她却叫她去猪圈“洗晦气”，在微笑的面具背后，实在只是把这女人贬到猪的位置，当是一头新买进来的牲口。

后来显示果然也是这样。她因为打碎了杯碗，立即就惹大胡生气了：“大胡先低头看他那件给水给油打污的布衫，再看狼藉满地破碎的碗盏，像一份完好的家产给她打得粉碎了，他一把抓着女人的发髻，疯狂的咆哮道……”在这里，一个人的价值似乎还不及死物的布衫和碗盏呢！跟着当人客散去后，小胡又来调戏她，她“背靠了猪圈的门”，而他则向她迫近。最后她终于忍受不住了，“一手拨开猪圈的门就往外跑”。她跑出猪圈，这是她不甘被人当牲口看待的反抗。

罗淑笔下的动物意象显然不是随便乱用的，她利用这些意象，更有力地衬托出在贫苦中生活的人的悲哀，在求存中的人性的低贬。但另一面，她也设法写出那挣扎保存人性的努力，即使在最艰苦的环境中，也显出那人之异于野兽与蝼蚁，人之为人的努力。正如那女人最后带着满身伤痕，“不顾一切的挣扎着立起来。”经过许多次的绊倒和倾跌，“尽力往平地上爬”。

当她男人穷得要把她卖掉，当他们打骂的时候，彼此间仍有一种无言的关怀和善意，她男人设法赎回发簪给她，她出了门还向他喊："当家的呀，你那件汗衣洗了晾在桑树上，莫忘记收进来！"最后当她在石堆间扑跌，鼓励她挣扎站起的，还是对她男人的关心和怀念。他们最后还是得面对悲惨的生活，但在这使人变成野兽的环境和遭遇中，他们仍然挣扎保存一份彼此的关怀和爱意，那使人异于禽兽的质素。

《桔子》

罗淑另一篇小说《桔子》的一家人，亦同样因贫困而使亲情蒙上阴影，而作为祖父的阿全叔，则在种种贬抑中设法保持尊严。

《桔子》一开首是一片详和。阿全叔的一家，仿如一个幸福家庭，"鲜艳艳的红桔衬着浓绿的肥叶"，而六岁的丁丁对桔子觉得"又欢欣又骄傲"，一听见风声就担心，跑出去张望。他母亲正在纺棉纱，父亲到外面砍竹子，爷爷困着了。一家人是这么安宁。但虽然丁丁担心的风不会吹走桔子，却来了另一阵风——那就是收买果子的张贩子——真的把桔子全吹走，也把整个家庭原来的安详气氛吹走了。

张贩子故意狠心杀价，满园"一色鲜红，顶体面的大泡子桔"，他只是"勉强塞了一瓣到口里。看样子，他也许要嫌桔子酸或味道太淡了……"他结果只是出"三元一担，四担包"，阿全叔因为赶着要钱，只好就这样把园子里的桔子全部贱卖，十二块钱成交。这样一来，全家人的心里都不愉快。

阿全叔"钱到了手，他的脸色反而转变得异常阴暗了"。丁丁明白那果贩要抢他的果子，着急起来叫妈妈。妈妈秋姑儿却因为不满这交易，正找不着泄气的地方，"大巴掌雨点似的落到丁丁脸上和身上"。至于做父亲的庚贵，"懂得秋姑儿的气从什么地方来，只淡漠的望了丁丁一眼……"

一下子，全家人仿佛蒙上一层阴霾的乌云。张贩子的交易使温暖的人情褪色。小说的颜色也由"鲜艳艳的红桔衬着浓绿的肥叶"变成"灰雾的眼睛死瞪瞪的望着那一张污黑布满了灰尘的方桌"。

阿全叔的心里最是委屈，他觉得儿子和媳妇都不明白他，他贱卖只是为了赶着还钱罢了。爱怜孙儿始终吃不到桔子，在后园的桔树那儿想为他摘几个，却看见果贩子微笑，仿佛觉得他在偷他的东西似的。既要贱卖了自己心爱的东西，又要受这样的冤枉，阿全叔最后陡的站起来，冲到丁丁跟前：

“放下！不许要！放下！”

这是这个备受打击的小人物，最后竭力维护自己尊严的一声呼喊。

《刘嫂》与《井工》

在罗淑的小说中，我们可以见到她对这些命运坎坷的小人物的同情心。正如在《刘嫂》一篇中叙述故事的女儿，听到母亲当着刘嫂面前提起过去辞退她的事，不禁大大吃惊。这女儿会担心刘嫂这人物的感受，做母亲的却若无其事。

刘嫂自小被人拐骗，卖给人家做侍女，被人侮辱大了肚子，当过补衣妇，也讨过钱，卖过稀饭，当佣人，最后嫁人，一连找了三个，个个都打她……刘嫂的缺点是爱喝酒，她也因此而被辞退，她的遭遇，也有部份是性格的悲剧。但她不肯不喝，因为那仿佛是她唯一的安慰。在被辞退那天晚上，她解开衣襟的钮扣，放怀大喝，仿佛是尽情发泄一样。刘嫂虽被辞退，她有缺点，但她也有心地善良的人性，仍回来探望她们，请她们去吃鸡。罗淑四篇小说中，这是较弱的一篇，比较散文化，但也成功塑造了刘嫂这角色。

《井工》中的老瓜又是一个被人鄙视被人嘲弄的小人物。如果说《生人妻》里用了许多动物意象以喻男女主角，那么《井工》中的老瓜则除了这以外，还处处显示他受的待遇比动物还不如。

这小说里最主要出现的动物是牛。许多地方都把老瓜与牛作比较，如他父亲工作时失足跌进盐锅死后，他去上工，人家说：“好啊，蛮干得象只小牯牛，看他父亲份上，留下他吧。”于是他便象一头牛一样在那里日夜工作。“短足短手的被牛在后面追着跑”。他象一棵逐渐枯萎的山野的植物，他脸色变得更白了。他在厂里睡觉时，“鼾声和病牛的喘息互相应和”，他的空铺的正对面，躺着只病瘫的老牛，“它患了下痢，不时把脏水排泄到地上。它的呼吸粗暴、骤急，常常抬起红胀得几乎要脱眶而出的眼珠望望人，又望望灯光，似有所希冀，又似有所依恋，但人除了对于由它身上所发生的恶臭感到极端的憎恶以外，没有人注意它的存在的。”这象是写老瓜，也象写他的疯母亲。他们都是如此既被人忽视又遭人厌恶。若说他比牛还不如，那是因为他厂里的老牛，拖了二十年车，管事当它是人那样全尸安葬，但他父亲作了二十年老灶工，尸首却是“烂豆腐一块”，他弟弟行乞不遂，死在人家屋旁，只能像条野狗那样安葬。老瓜因为偷吃死牛肉，被管事指为“吃死尸”，当众打他一顿。管事对牛仁慈，相比于对人的冷漠，就有一份嘲讽意味了。

老瓜被人取笑，他名字叫做“瓜”，过着“牛”的生活，但他却如《生人妻》的人物，努力要做“人”的。他在厂中是一个不适应的人物，“不会打鸟枪，不敢赌，不敢逗引人家的小媳妇，没有扛二百斤重的原包煤的力气”，但他亦不甘心只做一头野兽，小说中有一场，他微笑的望着两个几乎是躺在牛粪便中的伙伴说：

“那里是人哟！”

随即他拿一筐泥沙撒在地上掩去惹苍蝇的脏水了。

他心地基本上是善良的，他给讨盐水的妇人盛了满满一罐。他看见喘息的病牛的痛苦，也会不顾肮脏伸手轻轻的拍着它的头顶（这不是正如《生人妻》中在猪圈里洗晦气前喂猪一样吗？）他害怕弟弟的尸被野狗翻出来，所以常常到坟地去。尽管被人误解和取笑，这种对人的关心，却不是野兽可以做到的了。

老瓜也有他的尊严，他被人打后心中感到不平，他也有他的理想，要离开工厂到很远的地方过砍山的生活。但当他发觉收藏的斧和凿都被人拿去，这些希望都成泡影。最后他放走了盐船，也像刘嫂解开钮扣喝酒那样是一个最后的发泄。然而，即使一个像老瓜这样充满缺点又被人嘲笑的人物，罗淑用野兽（牛）的意像来衬托在贫苦生活中人性的贬抑之外，也不忘让他像她其他的人物那样挣扎保存人之为人的质素：如同情、怜悯、自尊等；她不忘让他对不妥的处境和行为加以批评的反省：

“那里是人哟！”

1977年8月

（原载《书与城市》，香港香江出版公司1985年10月第1版）

罗淑和她的《生人妻》

沙　汀

将近半个世纪以前，在读到《生人妻》时，作者朴素简练的风格，就把我吸引住了。仿佛自己在文学创作道路上遇见了一位志同道合的同伴。当然，主要是因为她所反映的现实生活使我感到亲切。虽然我是川西北人，罗淑生长于川南沱江流域，语言风习却有不少共同地方。而且，她不象我，很少使用冷僻的方言俚语。

最近，罗淑的故乡简阳各界人士，愈益感觉他们县里有这样一位曾经用她的笔描绘过本地自然风物，人情世态，而且对劳动人民倾注了深厚同情的出众的作家，是值得自豪的，决定在县文化宫内创立一个罗淑纪念室。这个信息给我带来很多感想，因为我曾经赞赏过她的作品，痛惜过她厄于短年。

尽管我和罗淑是同时代人，又是大同乡，“八·一三”事件前后且都住在上海，但是，由于当时彼此都生活在中外反动派统治下，行动不便，见面不多，对她本人印象不深，更不确切知道她的经历。最近，读了两三篇悼念她和追述她的身世的文章，对她在创作上起步之高和所取得的成就，也有了进一步的理解，同时更加痛惜她走得太早了。

“文如其人”，她的文风也正同她的品格一样，“不露锋芒，热情蕴藏在温厚的外表下”，“思绪十分周到，话语简单而有力量”。一位和她两夫妇私交深厚的老作家还就其所知告诉我们，“许多人说她是贤妻良母型的女性，却少有人知道她是社会革命的斗士”。接着还举了不少令人难忘的实例。而我这里只想借这些论断来说明罗淑在创作上的成就绝非偶然。

我是30年代初开始搞创作的。经过一段时间摸索，在一位前辈提示下，到了30年代中期，这才转而反映我比较熟悉的川西北小城镇和农村的现实生活。而和《生人妻》一类作品相比，我却不免感到自己在题材上略逊一筹，因为我把注意力过多地放在龚老法团和丁跛公一类角色身上了。当然，就社会效果说，这也未可厚非，同时我也写过《一个秋天晚上》和《呼嚎》一类作品。这种差别也和各人的气质、修养、经历有关，实在难于一致，也不必强求一致。

一位同志前几年在一次通信中告诉我，在读到我有的作品时，对于其中人物的遭遇感到颤栗，而我却写得那么冷静！其实，在我重读《生人妻》时，也有同样感觉。虽然回味并不怎么一样，而在风格的特点上，罗淑并不依靠自己出头露面呐喊、呼吁和大发议论来鼓动读者，主要是用人物本身的言行和内心活动获致高度艺术效果。就拿胡大家派人来接“人”那天夜里，两位即将分离的夫妇的一两个场景来说吧，我相信，即便在今天，读来也不能不感到十分压抑。

那位妇女忍不住痛骂把自己嫁掉的丈夫：“你狼心狗肺，全不要良心的呀！”而丈夫在沉默一阵后爆炸似地吼道：“我，我未必不是娘养的！我犯了什么王法？我该受这活罪？”这已经足够教人感觉得难受了！而接着，在银发簪问题上更进一步表现了彼此间隐藏在内心深处的深情厚意，同时互相理解所有一切极不正常的变化，不是出于本意，而是来自穷困。特别叫人感动的是，妻子在忍痛离家时，走不多远，猛地又回过头喊道：“当家的呀！你那件汗衣洗了晾在桑树上，莫忘记收进来！”这喊声叫人久久不能平静。

出现在罗淑笔下那些被损害、被盘剥和被侮辱的农民，还有盐工，都是“穿的在身上，吃的在肚皮里！”“借了发财人的帐，卖儿，卖女，卖骨头都得还”的穷光蛋。他们善良、纯朴，有时对于自己的遭际也深感不平，十分恼怒。当我读到《桔子》中阿全叔在收买水果的张贩子敲诈下，贱价卖掉自己几十棵桔树上的果实，而却不能让孙儿丁丁尝尝新时，深感他的内心多么痛苦！面对那个满脸奸笑的商人，他真想退还定钱：“那是我的！……我的东西！我爱怎么样就怎么样……”然而，这些合情合理的愤激之言，只能在心里七拱八翘，最后，却不能不冲到笑嘻嘻捧着桔子的孙儿跟前，“颤声地说：放下！不许要。”因为他当时最需要的是钱。

由于贫困及其随之而来的被损害与被侮辱，以致在亲属之间出现极不正常，也就是背于常情事理的纠葛，在罗淑的作品中，可以说大都如此。《桔子》中祖孙、母子间的情节正是这样，而更叫人震撼的，却是《阿牛》这篇小说中阿牛母子间的关系。阿牛的父亲是熬盐工人，十多年前劳动时跌在盐锅里，被沸腾的盐水把生命吞食了。他是靠母亲开烟馆和做暗娼养活大的。故事开始时，阿牛已经二十岁了，而且恰好由赶车的升级为筒工，穿着一身新衣，准备前去接班。

按照常理，他应该很高兴，而他却忽然敏感到他的提升太不光彩，因为他联想起那个常到他家烧烟，同他娘关系暧昧，如今把他提升为筒工的何管事，于是不由得十分恼怒：“老狗……有一天要碰到我的手上！”一天深夜，他终于在家里碰上那个“老狗”了，正由娘陪伴着躺在床上抽烟。他大叫：“你给我滚出去！”……

我这样写，似乎是想介绍这篇小说的全部情节。不！我没有这种打算。只是因为这篇一气呵成，近万言的作品，太紧凑，太动人了，一想到它，三个主要人物就那么生动地浮现眼前，真有点情不自已。其实，其他短篇比如《刘嫂》、《贼》，又何尝不同样吸引人呢？我之赞同罗淑是一位社会革命斗士的论断，主要在于这次阅读她的作品，感觉它们全都燃烧着对于劳动人民的热爱和对于剥削制度的憎恨。从她的经历看，有一点最值得注意。初到法国时，她的兄长曾经领她观光法国的城市，而她并没有为资本主义的繁荣所眩惑，倒是认为法国“一样是‘朱门酒肉臭，路有冻死骨’，不见得比简阳好。”

“九·一八”事变后，尽管留在法国有利于继续钻研法国文学，但她终于不顾她的亲友的劝阻，毅然奔回灾难深重的祖国。因为怀孕，“八·一三”后又在敌军狂轰滥炸下随其亲属回转四川。当朋友们在炮火声中去车站送行，谈到几天来人民遭受的灾难时，她不是曾经说过：“我们这些人不会死，也不该死”吗？！而她在分娩前写的两个短篇，更进一步说明了这一点。

“我想，我们不会死的，也不该死！”这两天，这简单朴素的语言一直在我耳边缭绕，她是多么想活下去，多么相信自己应该活下去呵！

而刚到成都不久，产褥热却一下夺去了她的生命！

罗淑离开这个世界已经几十年了，但她的作品并没有被人遗忘，希望能有人对这位有才华而又早逝的女作家进行更深入的生平和创作研究。

1985年2月北京

（原载1985年12月《读书》）

两篇题材相同特色各异的小说

——《为奴隶的母亲》和《生人妻》之比较

杜秀华

在我国现代历史上，30 年代是一个空前黑暗动乱的年代。“由于帝国主义和封建主义的双重压迫，特别是由于日本帝国主义的大举进攻，中国的广大人民，尤其是农民，日益贫困化以至大批地破产，他们过着饥寒交迫的和毫无政治权利的生活。中国人民的贫困和不自由的程度，是世界所少见的。”（毛泽东：《中国革命和中国共产党》）而受封建四权（政权、族权、神权、夫权）压迫，封建礼教毒害的广大劳动妇女的苦难尤为深重。农民，特别是妇女的悲惨处境为许多作家所关注。早在 20 年代，中国文化革命的主将、中国现代文学的奠基人鲁迅就在他的小说中塑造一系列农民形象、知识分子形象的同时，成功地塑造了众多的妇女形象，如单四嫂子、祥林嫂、爱姑等。继鲁迅之后，又有不少作家注意下层劳动妇女的不幸，展示她们所遭受的凌辱和苦难，暴露旧社会的罪恶，把批判的矛头指向万恶的旧制度。柔石和罗淑就是这样的作家，他们的《为奴隶的母亲》和《生人妻》就是这样的篇章。

一

《为奴隶的母亲》通过对当时浙江农村野蛮的“典妻”的社会现象的描写，揭露了封建社会的冷酷和封建道德的虚伪。小说深刻细腻地刻画了春宝娘的形象。春宝娘是一个心地善良的农村妇女，被因贫病交加而变得“凶狠而暴躁”的丈夫典给一个无后而盼子的地主秀才作生育工具。她离别丈夫和才三周岁的儿子春宝，在一个陌生的家庭里生活下来。白天为奴，晚间为妾。在生下儿子秋宝一年后，再次经受母子分离的痛苦，被狠心的地主婆赶回从前的家，而等待她的，仍然是无尽的苦难。

创作倾向与左翼作家相似的罗淑的《生人妻》写的是这样一个故事：四川沱江上游山地里的一对勤劳朴实的夫妇，靠打草卖草的收入聊以果腹。后来，尽管他们挑着草走遍所能走的人家，减低不能再减的价钱，草还是卖不出去。为了给妻一条生路，丈夫不得不将她卖给别人。

这两篇描写妇女题材的小说在思想内容上的一个显著特点，就是把受压迫、受熬煎的劳动妇女放在作品的中心地位来描写。就题材而论，两篇小说是相似的；就性格而言，两个主人公又迥异。柔石笔底的春宝娘逆来顺受，忍气吞声，听天由命。罗淑笔下的卖草人的妻子则泼辣而又温柔，爽朗而又蕴藉，性格中闪耀着反抗的火花。

柔石和罗淑在塑造这两个人物形象时，把她们放在特定的历史背景下，紧紧抓住她们对被典卖的态度、对典卖后的生活的反响来刻画她们的性格。春宝娘的丈夫因为家庭债台高筑，自己又病体支离不能干活，便把三十岁左右的妻子廉价（一百元）典给了年过半百的地主秀才。春宝娘听到这个消息，没有争辩，没有吵闹，对丈夫的决定和即将降临到自己身上的灾难感到震惊而又无可奈何，只是“讷讷地低声问”、“吞吐着问”，连一句怨恨的话也没有，只有绝对服从，“低低地叹息”自己的“苦命”。卖草人的妻子却不甘于命运的摆布。当她听到失去生活依靠的丈夫把她卖给瘦小丑陋、自私堕落的胡大时，气得“浑身打战”，立直了身子指着男的骂道：“你狼心狗肺!”“你全不要良心!”这连珠炮般的重重的话语，显示了她毫不退缩的进攻性格，以致使她的丈夫目瞪口呆，没法躲闪，更谈不上反攻。话虽是向着她丈夫来的，但却是她对命运的挑战。

但是，由于生活的逼迫，她们还是都被典卖了，结发夫妇还是离别了。被典卖后，她们性格的差异更加突出。春宝娘到地主秀才家后，喂猪、洗衣、磨面等许多杂务都堆在她的身上，她忍耐着干。面孔慈善心地狠毒的地主婆象侦探一样的监视，毫无根据的猜测怀疑，不堪忍受的谩骂和侮辱，她也只会“低声哭泣”。卖草人的妻子却与其不同：她被抬到胡家之后，在成亲的酒席上，当听到让她“先给九叔公奉杯酒，为你们的事，他费了不少心”这句话时，她便“起了点恨意”；当有人把她推到胡大面前时，“她不想抬头认识她这位丈夫”；她甚至把调戏她的小胡打得“颠摆了几下，脚跟站立不定，就跌倒了”。春宝娘和卖草人妻子的性格，一柔一刚，宛然《红楼梦》中的二尤。她们的所思所想，所作所为，都得到了独特而鲜明的表现，给读者留下了深刻的印象。作者不仅写出了她们作为被压迫者的阶级共性，而且揭示了她们的个性差异，使得这两个被压在社会底层的劳动妇女的形象丰满而真实。

就春宝娘和卖草人的妻子来讲，其共性都是受压迫、遭凌辱，因而都有其悲惨的结局。春宝娘在秀才地主家屈辱地生活了三年。其间，春宝得了重病，她惦念、焦急，但没有回家探望的权利。作为一个母亲，她爱子而不能！三年前，她听着春宝的哭声离开了自己的家；三年后，她又听着秋宝的哭声被撵出了秀才地主家的大门。她回到家里，看到春宝穿着褴褛，头发蓬乱，身子和三年前一样的短小。三年被典的屈辱生活，未能换来儿子暂时的温饱，春宝娘也并未从母子团聚中得到半点安慰。看到了春宝，秋宝又牵着她的心，使她在困顿的生活中，还得忍受无以名状的精神折磨。小说深刻描绘了这样一个事实：在封建制度下，劳动人民不仅受到经济上的剥削压榨，而且连最起码的权利——母爱——人世间普通而又神圣的感情也被剥夺。母亲和爱子始终各处一方。作者对于封建剥削制度的鞭挞和抨击，没有采取一般正面揭露的方法，而是独辟蹊径，从“亲子之爱”这个“人之常情”的特殊角度，抒发自己的愤慨，对剥削制度作了有力的控诉。这种感情越是强烈，对旧的社会制度的揭露也越充分，对这个悲剧的社会意义挖掘的也就越深刻。

卖草人的妻子的命运也和春宝娘的命运一样悲惨。她离别恩爱的丈夫到了胡家，成亲的当晚，胡大就抓住她的发髻疯狂地咆哮，骂她是“铁扫把”，还险些遭到小胡的奸污，使她不得不逃离胡家。她在茫茫黑夜里奔跑，滚下了石桥，跌到凹凸不平的乱石上，摔成重伤。昏迷中，她后悔逃离胡家，担心胡家的人去找她原来的丈夫算帐。天亮她艰难地颠跛着回到家时，果然发现她的丈夫因她的逃离被抓走吃了官司。她那跌成重伤的身体，一旦失去了精神支柱，再也无法支撑，便瘫软地横仰在床上，不能动弹了。卖草人的妻子的举动，无疑是一种十分可贵的反抗行为。但是，她没有也不可能主宰自己的命运，逃脱生活的重压。

为什么具有顺从性格和具有反抗性格的妇女，命运都如此悲惨？这两篇作品逼迫读者去思考。春宝娘和卖草人的妻子的悲剧不是个别人的罪恶行为，整个黑暗腐朽的社会才是使劳动妇女陷入苦痛深渊的祸根。不推翻吃人的社会，妇女无法得到解放和幸福，这个道理是不言而喻的。《为奴隶的母亲》和《生人妻》在同一题材的领域里从不同角度反映了两个劳动妇女及其家庭的遭遇，把矛头指向整个旧社会，进行深刻的揭露，有力的抨击，其意义是重大的。

另外，封建四权之一的夫权，也是造成春宝娘和卖草人的妻子的悲剧的一个原因。自从父权制代替了母权制，男子就在家庭中占居统治地位，再加上孔孟之道的熏陶，没有经济权的妇女，就自然而然成了丈夫的附属品和私有财产，可以象牛马猪羊那样随意买卖。春宝爸负债累累，病重体衰，失去出卖劳动力的机会，便在妻子身上打主意，一百元钱就把妻子典出去三年。妻子问问情况，他还显出那样的粗暴和不耐烦。卖草的男子不象春宝爸那样粗暴，他们夫妻之间有着纯朴真诚的感情，在这样的家庭里夫权“比较地弱一点”（毛泽东：《湖南农民运动考察报告》），但“比较地弱一点”，并不是就不存在。卖草的男子毕竟有卖掉自己妻子的权利。他卖掉妻子不会受到社会的谴责、法律的制裁，在某种程度上显示了这种举动的“合法”。他们虽然在经济上已经完全破产，可是，他们还有夫权，这就决定了他们的命运比起他们妻子的命运来，其悲惨程度还有差异。当然，他们也是不愿典卖相濡以沫的妻子的，他们忍受了巨大的生离痛苦和折磨，特别是卖草的男子还藏着深深的内疚。

和春宝娘、卖草人的妻子的悲剧有直接联系的还有沈家婆、九叔公。他们为“典卖”牵线搭桥，但从本质上讲他们还不是坏人。虽然他们想从中讨取“酬报”和谢礼，那怕混上顿晚宴，那也是为了生计。

他们是被困苦生活扭曲的人物形象。这就从另一个角度写出了社会的罪恶，扩大了披露的范围。

二

《为奴隶的母亲》和《生人妻》写的都是妇女被典卖的故事，主题相同，却丝毫没有显露出雷同的痕迹，这除了作者选材的角度不同外，主要的则是艺术表现手法的不同。

《为奴隶的母亲》以凝炼见长，作者采用白描的手法，选材严格，在不长的篇幅里凝聚了丰富的内容。它一开篇没有铺叙这一家人过去的困苦生活，而是紧紧抓住春宝娘被典的线索，详细描述她被典后的屈辱生活和悲惨命运。就是对春宝娘性格起着烘托作用的春宝爸的性格的渲染，也只在插叙中完成。《生人妻》则以抒情取胜，故事的介绍虽是平铺直叙，但因作者优美的语言，女性作家特有的细腻笔调，使整篇作品犹如一首隽永而深沉的抒情诗。先看两篇作品中关于妻子“同意”被典卖的描写。卖草人的妻子知道丈夫把她卖掉后，她不仅执意不去，而且疯狂似地骂她的丈夫狼心狗肺，丧尽良心。可是，当丈夫把她一直用了二十几年，不久才抵押出去的银发簪交还给她时，她的态度则发生骤变：

> “你几时赎回来的？”象失落了多年心爱的宝物，一旦又回到自己的手里来，她的微颤的声音是悲和喜的交集，说着她就走过来伸手去接，但马上她的手又落下来了，同时两颗蕴蓄已久、却被由不理解而来的恨抑制住了的泪珠也滚了下来，她连连摇头哽咽地说：
>
> “我不要！——你留着有用处，我，——我不要呵！……”
>
> 银簪直是一柄锋利的剑，给他们划开了心的隔膜，就从那裂缝中涌出纯朴的真诚的感情。
>
> 女的牵起衣角揩干眼泪，看着静穆得象一尊塑像似的她的丈夫说：
>
> “我走！”

男的点点头，不作声。

她踉跄着走不多远，似乎记起一件大事，回过头，提高嗓子，急急的遥遥喊道：

“当家的呀，你那件汗衣洗了晾在桑树上，莫忘记收进来！”

这段细节描写，犹如舞台上一个精采的场面，银幕上一组动人的镜头，而银发簪是一件绝好的道具，作者的抒情恰似旁白起到了画龙点睛的作用。忠厚的丈夫卖掉妻子，不是换取身上衣、口中食，维持自己的生活，而是为了放妻子一条活路，使她不被饿死。他用卖妻的钱赎回了银发簪，作为给妻子的离别赠礼。银发簪照出了他那颗舍己为妻的诚恳善良的心。一支银发簪消除了妻子对丈夫的误解。她那激动的热泪，对银发簪的谢绝，对丈夫的高声嘱咐，都说明她是一个通情达理、关心爱护丈夫的好妻子。处于僵持状态中的夫妇的突然和解，是一支银发簪起了作用。作者就银发簪所发的感慨是她无法扼止的感情的涌流，突出了细节描写的意义，充分表达了这对贫苦夫妇之间的深厚情义。因此，使夫妻离散所产生的悲剧力量更大。罗淑“不夸张，但是有感情”，她把从生活中得来的材料经过提炼概括入小说，抓住重要细节，着力渲染，再加上她那溢情于表的感情抒发，写得情真意切，生动感人。

《为奴隶的母亲》写春宝娘听到被典的消息后，先是震惊哀叹，后是想说服丈夫挽回被典的厄运。这时，作品插入了春宝娘的一段辛酸回忆。一年前，她生下一个女孩，由于生活的极端窘迫，男尊女卑观念的影响，她的丈夫竟将刚落地的女婴“用他底粗暴的两手捧起来，如屠户捧将杀的小羊一般，‘扑通’，投下在沸水里了！除出沸水的溅声和皮肉吸收沸水的嘶声以外，女孩一声也不喊”，“她当时剜去了心一般地昏去了”。往事的回忆，使春宝娘失去一切幻想，她只有绝望后的服从。卖草人的妻子“同意”被卖，是企望靠卖身使丈夫解脱困境，对丈夫无可奈何而出卖自己表示了谅解。春宝娘的“同意”被典，则是屈从丈夫那种变态的凶狠粗暴的性格的结果。罗淑紧紧抓住银发簪抒情点睛，柔石利用春宝娘的回忆大作文章，以简练的语言娓娓叙述事情的经过。罗淑是溢情于表，让她那感情的潮水尽情奔流。柔石却把他的感情溶进对往事的朴素真切的叙述之中，对女婴的怜悯、对春宝爸的谴责、对春宝娘的同情等复杂的情感洋溢在字里行间。柔石是蕴情于内，但欲掩又露，无法藏匿，更见情之饱满深厚，引起读者强烈的共鸣，收到了惊人的艺术效果。

心理描写是刻画人物性格的一个重要手段。早在1921年，茅盾在《近代文学体系的研究》中，就认为近代文学的特点之一就是“心理解析的精研”。《为奴隶的母亲》写春宝娘在离开丈夫和儿子的那天晚上，“先将春宝底几件破衣服都修补好；春将完了，夏将到了，可是她，连孩子冬天用的破棉袄都拿出来，移交给他底父亲。”作者结合动作的心理描写，将笔触伸向人物心灵的深处，表现了春宝娘离别的痛楚和对儿子的眷恋，以及儿子在无比亲热无比神圣的生养之谊——母爱被剥夺后，她指望儿子能在父爱（虽然这不可能）中得到补偿的心情。在她被赶出秀才地主家前，作者又对她的心理作了静态描写。她既舍不得秋宝，也舍不得春宝。她想：“春宝的爸爸不是一个长寿的人”，“她实在愿意永远在这新的家里住下去”，“要求她底第二个丈夫，将春宝也领过来，这样，春宝也在她的眼前”。春宝娘的这种遐想，反映出她对不可避免的新的母子分离的痛苦思索。其思索的结果——那唯一能使她得到安慰的解决办法，实际上只不过是一种幻想，这更显示出春宝娘命运的悲惨。小说对主人公的心理刻画，是通过动静结合的方法来完成的。《生人妻》虽然没有大段的心理剖析，但却有心理环境与行动的交织描写。例如，卖草人的妻子从胡家逃出跌成重伤，苏醒过来以后，“她很懊悔，懊悔不应该离开大胡的家：‘简直在发疯，谁叫我要跑的！’但她记起刚才听见的人声，她想：‘定是去找他扯皮去了！……我倒害了他！’”隐没的星光，黑静的四野，坚硬的石块和她的懊悔心情，奋力挣扎，这种心理动作和环境的描写，虽然着墨不多，却反映出她对自己的谴责，对丈夫的痴情，强调了她关心丈夫胜于关心自己，有着丰富的思想内涵。

两篇小说在语言描写（叙述描写语言和人物语言）、肖像勾勒、侧面描绘等方面也有不同之处，都对突出人物不同的性格起到了烘托作用，进一步深化了作品的主题。

柔石和罗淑虽然采用不同的艺术手法，但因为他们对各自的手法用之有术，恰到好处，其作品都有力地揭示了旧社会劳动妇女命运的凄惨，抨击了封建压迫和剥削的残酷和野蛮，有异曲同工之妙。

三

《为奴隶的母亲》写作的年代，正是革命烈火在中国广大农村熊熊燃烧的时候，作者没有直接去反映这个形势，但却通过农村一隅生活的描绘，形象地展现了一幅阶级对立的图画，预示了造成农民悲惨生活的阶级根源，对人们认识当时的社会有着重大意义。至于谈到春宝娘的软弱屈从，也是可以理解的。当时的中国，虽然到处都布满了干柴，但由于封建统治阶级“残酷的剥削和压迫所造成的农民的极端的贫苦和落后”（毛泽东:《中国革命和中国共产党》），由于三千年左右封建统治所带来的顽固的思想影响，在一些春风不易吹到的偏僻角落，还缺乏点燃柴堆的火种。因此，春宝娘的不觉悟不反抗也就不奇怪了。而在作品中写这样的人物，对揭露封建社会的罪恶也是有深刻意义的。《为奴隶的母亲》是柔石优秀的短篇小说，是他在鲁迅的影响下，努力“转换作品的内容和形式”（鲁迅:《为了忘却的纪念》）的成功尝试，深得国内外读者的好评。罗淑的《生人妻》是她的处女作，也是她的成名作，写于1936年。当时，中国共产党领导下的如火如荼的土地革命正在进行，文化革命也在深入发展，这就为作家创作提供了丰富的素材。《生人妻》所塑造的卖草人的妻子是妇女最初觉醒的形象。她虽然不是革命者，但在她身上，有着时代的投影。她具有成为革命者的较好的基础。这个短篇一问世，立刻引起文坛的注意，使她一鸣惊人。

30年代开在文艺园地中的这两朵鲜花，直到今天，还以不同的色彩和芳香吸引着读者，给我们不少有益的启示和教育。这两篇作品以同样的题材，写出了迥然不同的人物个性，采用不同的艺术手法，同样有着激动人心的艺术效果。它们的成功告诉我们，作品的多样化，不仅仅在于题材的多样化，更重要的则在于能否塑造出各式各样的人物形象。选取同样的题材，表现鲜明的人物个性，从某种角度讲反映社会生活会更深刻。如春宝娘的丈夫凶狠粗暴，卖草的男子忠厚善良，但他们都典卖了自己的妻子，这就有力地揭示了妇女被典卖的悲剧，不是家庭的悲剧，而是社会的悲剧。告诉读者不要过多地责怪卖草的男子和春宝娘的丈夫，而要将憎恨的火把掷向黑暗社会的统治者。在文艺创作中，题材的新鲜固然重要，但如果象目前的有些创作以猎奇为新颖取悦于部分读者，则会导致创作的末路，这是应该引起足够重视的。另外，它们的成功还告诉我们，文章没有固定的作法。好的作家都有自己的风格，同样的题材，不同的作家写法各异，只要开掘得深，都能写出优秀作品。因此，认为某类文章非某名作家之写法不能写好的看法似有偏颇，重要的是要根据自己的实际情况，注意培养自己的艺术风格。作家肖红说得好："我认为，在艺术上是没有什么高峰的。一个有出息的作家，在创作上应该走自己的路。有人认为，小说要有一定的格局，要有一定的要素。不写则已，一写就得象托尔斯泰、巴尔扎克那样，否则就不是小说。其实有各式各样的生活，有各式各样的作家，也就有各式各样的小说。"（戢克非、赵恒珊：《肖红的最后四十四天》，载《春风》1981年第8期）

（原载1982年9月《沈阳师范学院学报》第3期）

罗淑创作简论

董 剑

在中国现代文学史上，女作家罗淑有着独特的贡献。可惜她的生命太短促，过早地离开了人间。

我们应该感谢巴金同志，是他怀着“悲痛的回忆”于30年代末、40年代初整理、编辑、出版了罗淑的作品，这样才使我们今天得以读到她留下的三本薄薄的小说、散文集:《生人妻》、《地上的一角》和《鱼儿坳》。这些作品取材独特新颖，文笔朴素生动，真实地描写了四川沱江流域贫苦农民和盐工们的悲惨生活，反映了他们对吃人的旧社会的愤懑和反抗。这些作品可以说是二三十年代四川中部农村的一幅多灾多难却又多姿多彩的历史画卷。罗淑的作品数量虽然不多，可在当时的读者中却有着强烈的影响，在我国现代文学史上占有一定的地位。但是，几十年来，罗淑的作品很少有人论及。解放后出版的各种现代文学史，除了唐弢主编的《中国现代文学史》附带提及几句之外，其他的一概没有谈到。罗淑的名字几乎快被后人们遗忘了。这不能不说是一件令人十分遗憾的事情。

一

通过塑造人物形象反映社会生活的文艺作品，要想具有认识价值、教育价值和美学价值，获得艺术上的成功，这除了要求作者以进步的世界观指导创作，并具有一定的艺术修养外，还要求作者对社会生活有真切的审美感受，写自己熟悉的并且是有意义的题材。题材虽不是作品成败的决定因素，但有着重要的作用。在我国新文学史上，第一个十年中许多小说的明显缺陷，就在于作品的题材狭窄、开掘不深，有的作家写的是自身并不熟悉的题材。从 20 年代末期起，一批生活在社会底层、亲身感受到社会苦难的年轻作家陆续走上文坛。巴金、丁玲、张天翼、柔石、叶紫、沙汀、艾芜、吴组缃等，他们继承鲁迅小说的现实主义传统，带着崭新的题材进入创作园地，使中国社会动荡的情景直逼读者的眼帘。他们的创作，弥补了 20 年代不少作家的弱点和不足，在创作内容上显示了新的特色。

罗淑从 30 年代中期开始创作起，就和当时已经活跃在文坛的那些年轻的优秀作家一样，很注重严格选择题材，表现自己熟悉和感受最深的生活。同时，她又满怀真情，以自己的整个身心来进行写作。虽然她的每一篇作品往往截取的只是生活的一个侧面，但如果把她的全部作品合起来，则真实地展示了一幅二三十年代四川中部农村的生活图画。

下面，就让我们看看，罗淑是怎样描绘这幅图画的。

第一，注重表现偏僻的四川沱江流域贫困农民的悲苦命运，尤其是把受压迫、受煎熬的劳动妇女放在作品的中心地位来描写。

罗淑 1936 年发表于《文季月刊》的处女作《生人妻》便是这方面的代表作。这个短篇小说写的是：四川沱江上游山坳里的一对勤劳朴实的年轻夫妇，靠打青草出卖的微薄收入聊以果腹。后来他们尽管挑着草走遍“所有能走的人家，减低不能再减的价钱”，青草还是卖不出去。为了让妻子活下去，丈夫不得不将长期相濡以沫的妻子卖给有钱的大胡家。作品浓墨重彩地描绘了妻子无奈而勉强地到了买主家，终因受不了“新丈夫”和小胡在“婚礼”之夜的侮辱而反抗逃跑的情节，既写出了贫苦农民迫于生计不得不出卖妻子的社会悲剧，又刻画了卖草人妻子的泼辣而温柔、爽朗而蕴藉，并闪耀着反抗火花的性格。

在此之前，“左联”作家柔石曾于 1930 年 3 月在《萌芽月刊》第一卷第三期发表了与《生人妻》题材相似的短篇小说《为奴隶的母亲》。这篇作品通过对当时浙江农村野蛮的“典妻”现象的描写，揭露了封建制度的罪恶和封建伦理道德的虚伪与反动。小说写的是：心地善良的农村妇女春宝娘，被因贫病交加而变得“凶狠而暴躁”的丈夫典给一个无后却盼子的秀才地主作生育工具。她离别丈夫和五岁的春宝儿，在秀才家过着白天作奴、晚间为妾的日子。她在生下儿子秋宝一年后，再次经受母子分离的痛苦，被赶回依然是无穷苦难的从前的家。从表面上来看，《为奴隶的母亲》和《生人妻》的确颇相似，而且作者都怀着深切的同情，着重描写了社会最低层的劳动妇女的深重苦难，从而激起人们对旧社会的憎恨和产生变革现实的要求。但是柔石笔下的春宝娘逆来顺受、忍气吞声、听天由命，甚至曾产生希望在地主家长久住下去的想法。而罗淑却写出了生人妻的倔强和反抗。当然,《生人妻》有承前的关系，但它更有发展和创新，主题也更加深刻和积极，并且有着普遍意义。

罗淑在另一篇小说《刘嫂》中，从侧面写出了善良而“粗脚粗手”的女佣刘嫂悲惨的命运和痛苦的生活。刘嫂十五岁时就被人拐骗出来，卖给一个封建大家庭做使女，因为一次酒醉，被四十多岁的主人所侮辱。后来她被赶出了那道立着两个石狮子的黑漆的大门，被迫在茅厕里生下了孩子。以后，她当过补衣妇，也立在城边讨过饭、要过钱，还帮过人。生活始终没有定处，只有到处流落。

叙事散文《轿夫》里描写的人和事也是很凄惨的。作者怀着满腔的义愤和真切的同情，饱含眼泪回忆学生时代一次坐轿的往事。在山路上抬轿的不仅有穷苦的男人，还有女扮男装的妇女，她们为了“肚皮”也被迫去当轿夫，“穿黄衣服的兵大爷，时刻用枪柄在他们干柴似的骨架子上敲打”，“着长袍大褂的老爷们，惯于用口唾和脚头对付他们”。作者真实地描写了旧中国地狱般的社会，反映了劳苦人民善良忠厚的品质和他们的非人遭遇。作品暴露了人间的痛苦，喊出了世道的不平，彻底否定和抨击了旧中国的黑暗制度。

第二，描写四川盐井工人的悲惨生活，反映他们对吃人的旧社会的愤懑和反抗。

四川盛产独特的井盐，自古而然。到了明清及民国以后，制盐业更为发达。清代严如熤在《论川盐》一文中说：“四川……州县著名产盐者二十余处，……大盐场如犍为等县，灶户佣作商贩各项，每厂之人以数十万计。灶户煮盐，煤户柴行供井用，商行引张，小行贩肩挑贸易，或出资取利，或自食其力，各营生计。”（转引自《中国资本主义萌芽问题讨论集》上册第376页，三联书店1957年版）四川制盐业的兴盛是厂主或灶主在对广大盐工残酷压榨和剥削的基础上形成的。罗淑自幼就接触了牛马不如的盐井工人，目睹了盐工生活的惨状。所以，她能通过小说形象地展现盐工们悲惨命运的真实图画。

《井工》描写青年工人老瓜，因父亲“失脚跌下滚腾着白色溶液的盐锅，煮死了”，十三岁起就在盐厂顶班。每天他拚死拚活地替厂主汲盐水，可是连盐泡菜下饭都吃不饱，脚杆瘦得象“鸡骨头样”。为了养活瞎眼的老母亲，他只好常常在夜晚跑到别人田里去偷庄稼。后来他因为偷吃了厂主埋在地下的死牛，而被管事开除了。苦难的生活逼迫他走上了盗盐船的反抗道路。《阿牛》这个短篇小说写的是：童工小阿牛的父亲“十年前滚下盐锅死了”，阿牛家不仅没有得到任何抚恤金，盐厂的何管事反而乘机霸占了他的母亲。阿牛出于自尊，更主要是“恨何先生”这类吸血鬼，于是在家里当面痛斥了何管事，并要他滚蛋。何先生恼羞成怒，记恨在心，后来竟以小阿牛不孝顺母亲为借口，重打了五十鞭。《地上的一角》和《鱼儿坳》则写了卖盐小贩的悲苦和贫穷农民不得不“偷关”运盐的自发反抗。

这类作品不仅写出了鬼门关似的盐场和“给粗劣的食物和繁重的工作折磨够了的”盐工们的非人生活，还从侧面写出了井盐产地的盐贩们“卖盐……没盐吃，买不起”，而终年只能用青椒代盐的惨状。这从不同的角度多方面地写出了那个旧世界的丑恶，强烈地控诉和鞭笞了盘踞在工人农民头上敲榨勒索的剥削阶级及其走狗们。

描写盐工生活的作品，在罗淑之前，除了楼适夷（建南）1930年在《拓荒者》第一卷第二期发表过一篇反映沿海地区汲海水晒盐的盐民生活的短篇《盐场》之外，再没有其他人写过。描写内地盐工生活的，除了罗淑，当时没有别的人涉及。同是30年代成名的四川作家，创作大都具有巴蜀风味，但各自的题材却有差别。巴金写的是闭关自守的蜀国都市中封建大家庭的生活、矛盾和斗争，一方面是封建官僚的腐败、堕落，另方面又隐约可见“五四”革命的曙光和青春的活力；李劼人用纯熟的四川方言概括了辛亥革命前后一个完整的历史时期中四川的一部分社会生活；沙汀用谨严的现实主义手法，描写了川西北城镇和农村下层人民的各种苦难，暴露了反动的基层统治的罪恶本质；周文则涉猎川康边境尤其是旧军阀部队的生活。而罗淑却为我们展现了四川沱江流域盐场生活的独特画卷。这正如李健吾在《记罗淑》一文中所指出的：《生人妻》、《鱼儿坳》和《地上的一角》，“活在里面是些穷苦的强壮的可怜人物，默默为生活挣扎，不平的念头时时在他们肺痨的胸脯涌起，随即平息了，也许还要吃苦地默默为生活挣扎。他们给我真实之感。……特别是那些关于盐厂的断片小说，把一个我从来不曾接识的世界展给我看，似乎还没有第二个作家注意这个偏僻角落……”（《罗淑选集》第162页，四川人民出版社1980年10月版）的确，反映四川盐工的生活，是罗淑对我国现代文学史的独特而且是颇有价值的贡献。

第三，勾画了四川中部桔农的苦况和破产。

四川沱江流域是富有的，蕴蓄着不少的财源。这里有全国独一无二的井盐，还盛产柑桔，但生活在这块土地上的劳动人民却穷困得衣不遮体，食不果腹。盐贩家里好多天不见“一滴咸味味”，种桔人尝不到桔子的味道。短篇集《生人妻》中的《桔子》，便是反映桔农横遭剥削而陷入困境的一篇典型作品。小说通过阿全叔家不得不贱卖桔子的事情来显示主题。

阿全叔家的桔子全红了，六岁的小孙儿丁丁看着鲜艳艳的红桔，“又欢欣，又骄傲”，很想能尝一个。于是吵嚷着：“我要桔子！”可爸爸、妈妈，连爷爷都没给他摘一个桔子。幼小的丁丁哪里知道这桔子早有了安排。当桔商张贩子来采摘桔子时，“丁丁才明白那个腰缠红布带的大男人是要把他的果子通通抢走的”。他冲着母亲叫道：“妈妈，桔子！”得到的却是母亲雨点似的大巴掌。原来家里为了还债，不得不依张贩子给的极低廉的价钱，把桔子全部贱卖出去。母亲的“气从什么地方来”？天真无知的丁丁怎么也不会懂得。家里有二十棵桔树，“果子多得坠弹了枝”，“两颗桔子”就能“满足他小小的心”，可就是不能。作品就是这样生动地展示出桔农贫苦的景况。

1927年9月，废名曾写过题材与《桔子》相似的短篇小说《桃园》。这篇作品通过以种桃为生的王老大的女儿阿毛——一个十三岁的孩子的眼和脑，反映王老大家的悲剧。冬天里，阿毛生病，无钱医治。她很想吃桃子，可一生种桃的王老大连几只玻璃桃子也买不起。后来好不容易用酒瓶换得三只玻璃桃子，想给阿毛看看，不料在回家路上又撞碎了。《桃园》虽然也反映出经济贫困带来的家庭悲剧，表现出下层人民平凡人生的凄然以及王老大父女的人性美，但是，它对题材的开掘不如《桔子》深刻，社会意义也不如《桔子》大。因为在《桃园》里，没有写出社会的直接冲突。虽然写了王老大由女儿想吃桃子而勾起的对自己一生不平遭遇的回忆，但作者未能重笔写出，这在读者心中只能留下一道淡淡的印痕。而罗淑在《桔子》中，浓笔重彩地直接描写了阿全叔一家的不幸境遇，从正面直接反映了社会矛盾的尖锐冲突。其间，有悲哀，更有着回肠荡气的深沉；有不平，更有着震撼灵魂的力量。

总的说来，罗淑通过艺术的形式，真实地反映了二三十年代四川沱江流域的悲惨破败的生活景象，指出了造成这种罪恶的社会根源；并写出了下层劳动人民对吃人的统治制度的愤懑和自发反抗。这在当时是有积极意义和深刻认识价值的。可以说，罗淑的作品是时代的经线和地方的纬线编织而成的旧中国四川中部农村的一幅真实的图画。它和巴金、李劼人、沙汀、艾芜、周文的作品合起来便是一幅长长的四川全貌的多姿多彩的历史画卷。

二

衡量文艺作品在文学史上有没有地位，有没有美学价值和认识意义，除了要看它写的是什么之外，更要看它是不是以人物性格为中心，创造了足以概括某种社会特征而又具有鲜明个性的动人的人物形象。罗淑创作的成功，除了其作品题材真实独特、开掘深刻之外，还在于塑造了各种鲜明独特、含蕴丰富、有血有肉的典型人物。

总括罗淑的全部作品，主要塑造了如下四种典型形象：

第一是虽受凌辱损害却有着反抗性格的农村妇女的形象。

罗淑在短篇小说《生人妻》、《刘嫂》和散文《轿夫》中都集墨写出了农村妇女的不幸。这些妇女形象的生活经历无不反映出旧中国劳动妇女的悲剧命运，她们对旧社会不同形式的反抗，她们的坚韧、抗争的精神，是对当时的社会制度的抨击和批判，是黑夜中燃起的希望的火光。

在这类妇女形象中，具有代表性的是《生人妻》里年轻的卖草人妻子的形象。卖草人的妻子生活在社会最底层，和丈夫一道靠割卖青草为生。迫于生计，丈夫为了“放她一条生路去”，决定忍痛将她卖给“山那边，胡家堰塘”的有钱人大胡。妻子知道后，“浑身打战，喘着气”，立直了身子指着男的骂道：“你好人！……你狼心狗肺！……你全不要良心的呀！……”可是当她看见丈夫颤抖着手，从床头稻草下摸索出一个银发簪，叫她带走时，她心中顿时充满了“悲和喜的交集”，“两颗蕴蓄已久、却被由不理解而来的恨抑住了的泪珠也滚了下来”，因为那是她一直用了二十几年，花纹都磨光了，不久以前才抵押出去的银发簪啊！她理解了：忠厚的丈夫卖掉自己，顾不上换取身上衣、口中食，首先是使她心爱的宝物又回到自己的手里。“银簪直是一柄锋利的剑，给他们划开了心的隔膜，就从那裂缝中涌出纯朴的真诚的感情。”于是她“牵起衣角揩干眼泪”，凄惨地向静穆得象一尊塑像似的丈夫说：“我走！”

在买主大胡家的酒席上，当她听到“先给九叔公奉杯酒，为你们的事，他费过不少心哩”这句话时，她“起了点恨意”；当她的手里被人塞进一个杯子，把她推到大胡面前时，她不想抬头认识她这位丈夫，并拒绝了与大胡对杯喝新人酒；半夜里，小胡企图调戏和侮辱她时，她气愤地骂道：“你要死了吧！走开！”并伸手一掌，把小胡打得颠摆了几下，脚跟站立不定，跌倒下去。到这时，她再也不能忍受买主家奇特的恐怖、凌辱和胁迫，“她一手拔开猪圈的门”就往茫茫的黑夜里逃跑了。

从上面的叙述和简单的分析中可以看出，卖草人的妻子的悲惨命运，正是旧社会千千万万劳动妇女不幸遭遇的真实写照。同时，她又有着自己独特而鲜明的个性。顺从而又坚韧，温柔而又泼辣，最突出的还是倔强和抗争，以及对丈夫真挚的爱。在同屈辱生活的搏斗中，显示出了她高尚和美丽的内心世界。她，的确是一个活生生的受凌辱损害却又敢于反抗旧社会的最初觉醒的劳动妇女的典型。

在中国现代文学史上，劳动妇女的悲惨命运从来是许多作家所关注的。在20年代，鲁迅成功地塑造了不少社会底层妇女的形象，如《明天》中的单四嫂子、《祝福》中的祥林嫂、《离婚》中的爱姑等，但由于时代的原因，鲁迅着重是写封建制度对她们的摧残，以此控诉封建专制统治的罪恶。30年代初期和中期，沙汀也曾写过川西北农村的妇女，如短篇小说《土饼》、《兽道》、《在祠堂里》等，描绘了地方军阀统治下受煎熬的妇女的非人遭际，也揭示了她们善良忠厚的品质，但主旨还是着重在暴露军阀统治的黑暗和残忍。人物性格中的反抗因素仍不如罗淑笔下的强烈。可见，罗淑创造的卖草人妻子的形象，是一个飞跃，有着更积极的意义。这可以说是罗淑对中国现代文学史的人物画廊的贡献。

第二是怀着对黑暗的社会制度的强烈不满，默默地为生存而挣扎，没有反抗行动却有着反抗情绪的老一代受苦人的形象。

四川沱江流域一带，丘陵起伏，交通极不方便。二三十年代，新的风气和时代的激流进入了四川都市，却很少影响到农村，所以四川中部地区依然落后而愚昧。在这片土地上生活的下层人民尤其是老一代，他们“好象畜牲，忠实而又诚实，围着富贵的人生兜圈圈，后蹄子伸了起来，一鞭子下去又缩了回去”。(李健吾《记罗淑》)他们戴着封建枷锁艰难地生活着，尝尽了人生的苦味，对罪恶的封建制度有着强烈的不满，但没有觉悟，没有胆量，没有组织起来，他们只有怀着愤懑的情绪为生存而默默地挣扎。

《桔子》中的阿全叔就是这样的一个典型。年关到了，债务累累，为了弄几个现钱转口气，他忍气吞声地把二十棵树的桔子以最低的价钱贱卖给每年下乡收买果子的狠心的张贩子。当小孙子丁丁哭着要想吃桔子时，“怜爱和委屈一齐杂揉在他老年多感的心坎上，他长叹一声”，“只两步就走到一棵大桔树跟前，他用力攀下一根大枝头，刚要动手去摘，就听见张贩子的声音，他不由自主地把手一松，枝头又弹回原处去了”。两个桔子被弹了下来，小孙子嘻笑着到菜畦里去找桔子。张贩子见此情景，便拿着高凳走拢来，“望着阿全叔微笑”。这嘲弄刺伤了老人的心，阿全叔想大声地把拥塞在心里的不满吼出来：“什么！你以为我在偷你的桔子？那是我的！顶多我拿过你六元钱，退你，把钱退你！我的东西！我爱怎么样就怎么样！……”但这话始终只在他心里翻腾，“始终只他一个人才听见”。怨气全发在天真无知的丁丁身上，他冲到捧着桔子嘻笑的丁丁前，颤声地说：“放下！不许要！放下！”

从上面这个情节可以看出，阿全叔倔强，但困于经济却无反抗能力，内心升腾起了愤懑的怒火，也只好让它在内心燃烧。这是真实性格维妙维肖的刻画，是被生活折磨苦了的四川老农的真切写照。

短篇小说《地上的一角》里的二爷，其性格也与阿全叔相似。二爷家老少三代，他在种田种桔的同时，又兼卖盐，当“脚子”。每次去洪兴盐灶老板那里买盐，卖出去只能赚到一点点“敷水”，即称一百斤盐，老板稍稍多给几斤盐，全靠多出的那几斤盐卖几文钱。一次在称盐时，二爷在拥挤的人群前，站不住扑在了王师爷身上。为此，二爷被毒打了一顿，还给巡丁抓走了。事后三天，“二爷取保释放出来，四十元罚款，盐款充公”。二爷归家在病床上得知这情况后，自言自语地说：“黑良心！——四十元！不要认罚啊，——听我的话！老骨头，坐监就坐监！——没有钱啊！——前世的孽！——”

通过塑造这类典型人物，我们更可清楚地看到旧中国兽道横行、苦难深重，更能激起人们为彻底否定和改变那个不合理的社会制度而奋起斗争。这在当时是有深刻的现实意义的。

第三是有着自发反抗精神与行为的年轻一代的下层盐工和农民的形象。

年轻一代的下层盐工和农民的性格比其父辈有所发展，有所进步。他们同样过着苦难的日子，不仅对现实有着强烈的不满，还敢于自发地起来反抗。从他们身上，可以看出时代曲折地向前的步子和人生的希望。

短篇小说《井工》中，盐厂年轻的井工老瓜的形象就有代表性。表面上，老瓜仿佛被苦难生活折磨得象牲畜一样，但他内心的感情却很浓烈，沉默顺从的外表下有倔强刚毅的一面，还蕴含着对不平社会的强烈反抗情绪。生活逼得他把这种情绪变为反抗的行动。他瞅准了，四下无人的河边停泊着一只丁厂老板的庞大的盐船，他大着胆子，悄悄地把船开跑了。这对平常老实的老瓜来说，真是胆大包天。当然这种反抗斗争是自发的，也有些盲目，但它毕竟是自觉斗争的先导。

《地上的一角》中的长发，不象他父亲二爷那样软弱无力。家里穷，他也不围着富贵人家兜圈子。他直爽、暴躁，最后和一大群穷哥儿们铤而走险，拿着刀枪偷运私盐。这些年轻人已经认识到："大家都是穷人"，只有穷人联合起来向官府和老板斗争，才有活路。虽然斗争的方式和目标，还不太明确，但长发和许多年轻人的行动却是体现了可贵的反抗精神和对黑暗统治的否定！从年轻一代人物的性格中，我们看到了人生的希望和社会的未来。罗淑就是这样，通过对两代不同性格的农民形象的塑造，为我们提供了认识近代四川社会发展史的一个侧面的艺术画卷。

第四是依附在受苦人身上的吸血鬼，下层有权有势的尤其是盐厂老板的形象。

《井工》中盐厂的管事先生就是一个残酷地压榨工人的吸血鬼式的典型。他经营的盐井"毗连一片立在山巅上"，工人们一天到晚不停地干活，累得连说话的力气都没有了。即使这样，管事先生也丝毫不怜恤他们，只让他们睡铺了稻草的地铺，给他们盐泡菜下饭，每月一人给一元钱的工资，连一升米也买不回家啊！更有甚者，表面仁慈的管事先生宁肯把病死的老牛弄出去埋掉，"也不把人吃"。他口口声声说什么：这条老牛"拖了二十年的车，有功劳，我把它当人待，给它一副全尸"。而老瓜的父亲"作了二十年的老灶工"，跌下盐锅煮死后，"尸首呢？——烂豆腐一块！"当老瓜忍受不了饥饿的痛苦，也为了让母亲活下去，偷吃了坟地里的死牛时，就是犯了管事先生说的"挖坟盗尸"罪，被他开除了。两相对照，不难看出，管事先生对牛的仁慈是虚伪的，而在"仁慈"的背里，藏的却是残忍、毒辣，恨不得把工人们的血吸干。工人在他眼里只配累死或饿死，远远不如一条牲口！

《阿牛》中的盐厂管事何先生也是一个凶狠、虚伪、无耻的剥削者。何先生和《井工》中的管事，都是国民党反动政府基层统治者的典型，是剥削阶级社会势力的代表。作者用她那深沉的爱憎分明的笔，对不合理的现实社会提出了强烈抗议，对反动统治阶级表示了彻底批判的态度。

罗淑通过塑造社会下层的各类典型，对劳动人民寄予了深切的同情，向反动统治者射出了愤恨的怒火。就是她不幸去世之后，我们也仿佛听见"她还发出正义的喊声，为那些被侮辱与被损害者呼吁"。（巴金《鱼儿坳·后记》）

三

我国优秀的“五四”新文学和欧洲进步文学孕育了罗淑的作品。巴尔扎克、罗曼·罗兰、车尔尼雪夫斯基、鲁迅、茅盾等艺术大师的熏陶，她自己独特的生活经历，时代环境的影响，决定了罗淑始终遵循现实主义原则进行创作，并严谨地创造、锤炼着自己的艺术风格。纵观罗淑的整个作品，其新颖独到的艺术特点突出地表现在以下四个方面：

其一，剖析生活的断面，精于在生活片断中写人的命运。

罗淑在创作中，非常注意短篇精炼的艺术形式和散文捕捉生活小镜头的写作手法。她总是遵循典型化的原则，选取某一具有典型意义的生活断面，予以突出的描绘，从而集中地写出人物的生活方式与命运。《生人妻》这个短篇，就只是截取了卖草人卖妻这么一个生活的断面。这样写，虽然不能直接看到人物一生的苦难历史，但所描写的生活断面却包孕着很大的历史容量。它至少着力显示了：（一）社会制度的极端腐朽和黑暗，阶级压迫和剥削的极端残酷与野蛮，这是社会生活的本质表现。（二）在这种丑恶的社会里，下层善良的人民拚命劳动却难以维持生活，他们怀着希望痛苦地挣扎，实际上却愈来愈深地陷入绝望的泥潭。（三）劳动妇女的命运是旧社会最为悲惨的，她们无一幸免地受着悲剧命运的摆布。由此可见，虽然剖析的是生活的断面，描写的是断面中人的遭遇，但却深刻地揭示了社会的本质，写透了劳动人民的人生命运。而人物形象正是靠独特的命运才能站立起来。

短篇《桔子》、《阿牛》、《贼》和散文《捞粪草》、《轿夫》的写作也是如此，所涉及者小，所显示者大，有从小见大、举一反三的强烈的艺术效果。

其二，用大自然的美，来衬托、对照丑的人生世界。

19 世纪末、20 世纪初法国杰出的现实主义作家罗曼·罗兰的作品，很善于用大自然的美来对照现实的黑暗，以此深刻揭露社会本质。罗淑的创作也是如此。她在作品中，用抒情的笔调描绘美的自然世界，以它来衬托、对照丑恶的人生世界。

四川号称“天府之国”，有着丰富的物质资源，这是自然美的一种表现。罗淑在《生人妻》中是这样描写沱江流域的：“这里的山是蕴蓄着不少富源的山，有坚实油滑的可以换大量金钱的青石，有成林的笔直的大树”；这里有嫩绿的草，有“长着绿油油的麦苗的田”。可这些，对于劳动者“是怎样的枯竭”！有劳力的农民竟如此贫苦，连自己的妻子也养不活，这到底是为什么？答案是显而易知的。《井工》、《阿牛》、《地上的一角》都反映出：这里盛产食盐，可当地农民却没有盐吃。《桔子》中描绘了甜桔的丰收，可种桔人不能品尝一下果实的酸甜。大自然是这般富有，人民是如此勤劳，但却不得不过着贫寒的生活。鲜明的对照，使我们更能形象地见到现实的丑恶和深思造成这不公正状况的社会根源。

环境美是自然美的另一具体表现。罗淑笔下的人物的不幸遭遇，常常发生在美的环境里。卖草人生活在“靠近沱江上游的西岸，重叠的山峰围绕着一个盆形的山坳里”，山上林木很多，“到晚上，一片淡淡的，山里常有的薄雾笼罩着”“幽暗的树林”。夜色更深更浓的时候，“一股蚕豆花香的风夹带点松柏和泥土的气味四野荡漾着”。你看，环境是这样的清幽、美好，但在这美的环境中，却发生了卖掉妻子的不幸事件。同样，《井工》中，盐厂周围的自然景色也是美丽的。夜晚的景色尤为迷人：“夜静，月亮升到中天。天空苍然，深邃而辽阔，没有云翳，没有风；地上不见一个人的形影，也不听见一声狗叫；全丁厂静静的，静得连池塘边上偶然的蛙噪也显得宏亮，响彻四野了”。然而在这美丽而悠静的夜晚，“丁厂并没有困过去呵！撑支着丁厂命脉的源泉——盐灶和盐井——正不断地，反而更加紧的（地）在滋浸着”！工人们在无声地干活，老板猛吸着他们的血。在这样的夜晚，老瓜的弟弟被饿死在野外，瞎眼的母亲在山洞里饥寒交迫；在这样的夜晚，充满的是人们无穷尽的呻吟。

这种表现手法，使社会在自然的对照下，显得更加残酷和黑暗，激起读者对残害人民大众的统治者的憎恨，增强了作品的艺术感染力。

其三，在着重通过人物的行动刻画人物性格的同时，进行恰当的心理描写，使人物性格愈加丰满。

罗淑不仅注重通过人物的行动和语言来刻画人物性格，而且还对人物进行适当的心理描写和剖析，让人物进行心理思考和独白。这样，她笔下的人物性格往往显得很丰满。

例如，刻画卖草人妻子的性格，就是在写了妻子得知自己被出卖时的气愤态度、体谅丈夫到买主家以及终于倔强反抗的行动之后，又写了妻子的心理活动，使人物性格更加丰满、可信。妻子从大胡家逃出来跌伤了，刚从昏迷中苏醒过来，便竭力思索来这里的原因。接下去有一段写她的心理活动：

> “她很懊悔，懊悔不应该离开大胡的家。‘简直是发疯，谁叫我要跑的！’但她记起刚才听见的人声，她想：‘定是去找他扯皮去了！……我倒害了他！’不知从哪里来的勇气，她不顾一切的（地）挣扎着立起来。”

这段心理描写，着墨不多，但感情的分量却很重。在那样的情况下，她首先想到的是自己的行动要连累丈夫，这看起来简单朴素，实际上是作者抓到了人物此时的心理特征。通过这有着丰富的思想内涵的心理描绘，给读者展示了一颗澄明的女性灵魂，完好地塑造出了善良的农村妇女的典型性格。

作者在刻画阿全叔、老瓜、二爷等人物时，也让我们看见了老实得象“牛”一样的四川农民的真实心理。

可以说，用这种手法刻画性格，是罗淑笔下的人物塑造取得成功的关键所在。

其四，文笔真实朴质，其中蕴藏着丰富的情感和深刻的思想。

语言是文学的重要工具，最能表现作家的风格特征和体现水平的高下。历来优秀的作家，都非常重视对语言的追求和运用，力求建立自己的语言风格。罗淑的创作态度谨严，在语言运用上也是下了功夫并有着鲜明的特点。她的文字并不闪闪发光，但“那里面有的是一种‘真实朴素的美”（巴金《纪念一个友人》）。无论是叙述语言或人物对话，都没有勉强的修饰和雕琢的痕迹，简单而有力量，丰富的情感和深刻的思想尽在其中，读来自然亲切。

请看《井工》的结尾描写。老瓜满怀愤怒把盐厂主的一船盐偷运走后，“全丁厂为这事起了翻腾”。后来老瓜的娘被管事叫来审问：

“你儿子到哪里去了？”

“我哪里晓得呀，我一家人尽是讨口命，他总又和他弟弟样死在草堆上了。”

“不是的吧！”

“怎么？”

“有人说上次的盐船是他放走的！”

“他敢做这样伤天害理的事，我不信。”

“你替他遮掩没有用，你倒是替他受点苦吧！……”

“怎么？”

“把你关起来，等你儿子来了就放你。”

“把我关起来？”

瞎子不住地翻动着两只被一层厚白膜包住的瞳子，手杖在地下探打什么，她象是在量度一件极重大的事。她忽然发笑了，笑得有点恶意。

“好的，那我就在你们这儿吧？”

管事先生忽然象受了侮辱般，脚头踢了瞎子一下，怒吼着说：

“滚你的，你连受扣押的资格都没有……你们一家子！……”瞎子用手杖敲打土地，一步步地走出来，口里喃喃地说：

“我们一家子，我们一家子……”

这一段对话，洗炼干净，没有很典雅的字眼，也没有刻意渲染，从字面也看不出作者的情绪，但管事阴险狡诈、残暴的性格，淋漓尽致地揭示出来，老瓜一家悲惨的命运从字里行间足可透视。虽用直叙之笔作全篇结语，然而使人有异峰突起之感，“我们一家子”落地有声，精确细致地表现了老瓜一家的遭遇和老瓜娘的心情。可见朴实无华的文字，挖掘出了丰富的深刻的内容，收到了使读者产生联想和悲愤的艺术效果。

此外，由于罗淑写的是四川的事情，塑造的是四川农村的人物，所以她笔下人物的语言都染上了四川乡土色彩，而且是有生命力的四川方言。作品中常常出现口语化的语言，给人以自然朴素的感受，显得生动、形象、风趣。例如，《阿牛》中的熬盐匠老王一提起阿牛，总是摇着头说：“这娃儿，——简直是一条野牛，……全不象他爸爸。哪一天总有人会剥掉他的皮！”他还提醒阿牛：“仔细你的皮，小阿牛，……这是什么地方有你来把便宜占去的？……”这些话形象地说明小阿牛这样的盐工决不象他父辈那样老实，他“眼里闪着怒火”，是不听话的野牛。“哪一天总有人剥掉他的皮”，这是老工人几十年体验出来的生活经验，也是对小阿牛后来命运的暗示。

作者这样写来，本色、自然，符合人物身份，又有着丰富的艺术表现力，使作品充满浓郁的地方色彩，给读者亲切而新鲜的美的感受。

综上所述，罗淑的一生虽然短暂，但她的确是“社会革命的斗士”。她的作品无论在思想或艺术上都有着重要的价值，是中国现代文学宝库中的可贵财富。这正象著名作家巴金同志1941年在谈到罗淑时所指出的那样：“她的作品活下去，她的影响长留，则她的生命就没有灭亡，而且也永不会灭亡。”（《鱼儿坳·后记》）

（原载1983年5月四川《社会科学研究》第3期）

试论《为奴隶的母亲》与《生人妻》

文天行

柔石的《为奴隶的母亲》与罗淑的《生人妻》是我国30年代著名的两个短篇。这两篇小说，无论在思想上还是在艺术上，都达到了相当的高度。在中国现代文学的研究中，对《为奴隶的母亲》一直评价很高；但对《生人妻》，除个别文学史有所提及外，一般都未予以重视。比较一下这两篇小说，我以为，艺术上各有所长，但在揭示生活的深度上，《生人妻》似乎略胜一筹。

一

任何成功的小说，其故事和时代都有着密切的联系。这包括两个方面的意思：时代中的故事和故事反映的时代。只有将二者很好地结合起来，才可能深入地反映生活。鲁迅在谈到他的小说创作时说："我的取材，多采自病态社会的不幸的人们中，意思是在揭出病苦，引起疗救的注意。"（《南腔北调集·我怎么做起小说来》）鲁迅的小说之所以深刻，材料"采自病态社会"而目的在于"揭出病苦"是极为重要的原因。

《为奴隶的母亲》所描写的典妻故事发生在这样的背景之下："沉静而寒冷的死一般的长夜，似无限地拖延着，拖延着……"为奴隶的母亲的丈夫是一个皮贩，他在乡间收集各猎户的兽皮和牛皮，贩到大埠上出卖，同时，还兼做点农活。他勤劳，又有将秧"插得非常直"

的技术，但由于社会黑暗，生活仍然每况愈下。他的“境况总是不佳，债是年年积起来了”。不仅穷，而且又病。他全身“变成枯黄色，脸孔黄的和小铜鼓一样，连眼白也黄了”。他“很不想要做人了”，想投水自尽。在贫病交加、无路可走的情况下，他被迫将妻典了，身价一百元，时间是“假如三年养不出儿子，是五年”。

《生人妻》更加注重故事发生的时代背景。这篇小说的故事发生在四川沱江上游西岸一个僻远的山乡。尽管“山高皇帝远”，旧社会也给这里的劳动者套上了重重枷锁。其他地方的一些劳动者，由于种种原因不能在自己的家乡过下去了，也涌到这“重叠的山峰围绕着”的山坳里来找生活。本来就穷困的山坳，自然就更加显出了生活的艰难。“有新的渗进来，就得有旧的流出去，而流出去的正是和这双夫妇同一命运的乡邻”。“这双夫妇”是以卖草为生的，“勤恳而又勇敢的（地）生活着”。然而，他们并未富有，相反，生存的权利还日益被剥夺。他们原也有一点田地，但没保住，卖去了，以打草卖维生。开始，还能勉强糊口，可是后来连草也卖不出去了。找野果野菜充饥吧，野果野菜也越来越难找了。“以前无人过问，只要谁高兴一躬腰就可以大捧拾得的青杠实，现在不止一家去捡；地衣么，又要到秋深草烂的时节才有”。卖草的中年男子“再往近处想，终于他的想头只落在他妻子的身上”：“卖掉她去——落得大家一干二净！”

看来，《为奴隶的母亲》仅限于描写病态社会对典妻这一事件的直接作用，而《生人妻》却是在旧社会使广大劳动者遭遇悲惨这一广阔图景中突现“象一个已经完全失掉了生命力的垂死的老人”、实际是一个中年男子被迫卖妻的故事。不描写其他人，将苦果落在皮贩之家也可以，也能通过这样的表现来反映整个劳动者的命运。但是，在描写时，既突出“点”，又不忽视“面”，岂不是更为深厚有力吗？

《为奴隶的母亲》和《生人妻》中的女主人公的遭遇是相似的。她们都具有勤劳善良的品格，又都具有忍贫受屈的德性；然而，她们都终于被走投无路的丈夫卖掉了。在新的家，她俩遭到了同样巨大的灾难。为奴隶的母亲在皮贩家原有一个五岁的春宝，离别使她精神上颇受打击，被典到秀才家后，她又生了一个秋宝。与秋宝的永诀使她的精神完全崩溃了。随着精神上难言之苦的加剧，这个柔顺妇女的身体也彻底垮了。她“脸色枯萎如同一张干瘪的黄菜叶”，“嘴里的呼吸只有微弱地吐出”。被卖到大胡家去的不幸的女人精神上经历的痛苦并没有这么漫长，因为事情来得快结束得也快。就在被卖的当晚，大胡的粗暴使她悲戚，小胡的不怀好意使她再也无法忍受。她“不假思索的（地）用尽全身的气力，向着大门外，在不辨路径的昏暗里疯狂的（地）奔跑”了。她们的结局是相同的。为奴隶的母亲很想“向明澈可以照见她自己底身子的水底跳下去了”。尽管还未实行，但完全可以想见，这位母亲不久必将带着凌辱、巨痛和怀念离开人世。生人妻逃出大胡家后，心慌意乱，加上黑夜茫茫，四肢无力，她腿一软便从石桥上滚了下去，跌进了满布石块的石厂。她身负重伤，“血浸湿她的衣袖和披散的长发”，“起初她——还听见由远而近的人声，后来就什么也感觉不到了”。这两个催人泪下的故事都揭露了旧社会的罪恶，艺术效果强烈。但仅这样说还嫌空泛。

在旧中国，妇女遭受到封建政权、族权、神权和夫权的沉重压迫，命运是极其悲惨的。《为奴隶的母亲》着重控诉的是夫权和政权的罪恶。皮贩能将妻典出，这事实本身就说明妇女在家庭中的地位低下；而那秀才所以能过着优裕的生活，如果没有封建政权的支撑是绝对不可能的。《生人妻》揭露、抨击得还要广泛些，除了夫权与政权之外，它将神权和族权也推上了历史的审判台。卖草的女人是她丈夫“发泄的对象”，经常挨打受骂，后来终致被卖掉，这些都清楚地表明夫权处于支配、专制的地位。在大胡家举行的喝“新人酒”的酒席上，完全是因为偶然，生人妻那过分宽大的衣袖扫落了“邻近位子上的杯碟和插在半块山芋上的蜡烛”。大胡疯狂了，“一把抓着女人的发髻”，咆哮道：“了不得，了不得，这——这是什么日子，你给我这一下？铁扫把，你是铁——你，你扫光了你那卖草的男人，又——又——来扫我？不要你，滚！你滚！……”女人＝铁扫把＝灾星，普遍存在的封建迷信意识，就是套在妇女身上的绳索。当然，这个情节也反映了夫权的专横。小胡对他的嫂嫂——生人妻一直不怀好意。他趁大胡酒醉，困着了的时候，“含糊地说着就向她扑来……”，这位小叔子的卑劣行动不正是可以作为族权欺侮、压榨妇女的明证吗？政权是夫权、神权和族权的后台。罗淑还把剑直端端地刺在黑暗的封建政权身上。请看，生人妻身带重伤逃回了自己的家，立即"就瘫软的（地）横仰在床上"。她听见有人立在门口说："……就是昨夜！女人夜里嫁过去又偷跑了，夜半三更，大胡弟兄去找了保甲，向这家子要人……是的，不肯去，挨了几个耳光。"生人妻的丈夫被保甲派人抓走了！保甲是旧社会农村的基层政权，它是夫权、神权和族权的支持维护者。仅从生人妻所听见的这一段话中，也可以看到它对贫穷的劳动者是何等地凶残。《生人妻》将夫权、神权、族权和政权有机地结合起来，活画了旧社会人吃人的凶残本质，对旧中国揭露、抨击得既尖锐而又深刻。

二

为奴隶的母亲与生人妻在性格上有相似之处，但也有迥然不同之点。这主要是：前者柔顺，后者具有初步的反抗精神。为奴隶的母亲是逆来顺受的。典前与典后，她都在逆境中忍耐着，可以说是无声无息，任凭命运之船把她载向何方。生人妻却是另一类典型。她具有鲁迅肯定和要求的"野性"。卖草的丈夫骂她、打她，她并非一味忍受，而是要反抗的。她失手泼倒了一碗玉米糊，正处在恼怒中的丈夫用灶砖打她，还咆哮道："看见你，老子就气大！……有你这瘟丧！老子没得好日子过——"她忍受不了这种待遇：

> "什么？"女的也跳起来，"你成天青风黑脸，才是怪我拖累你？哼！这样日子，我真也熬不下来！……什么了不起！"一扭身，她坐在一段权当凳用的木桩上，双手抱住膝头，就不再做声了。

从大胡家逃跑，不用说，更是反抗的表示。这种反抗，具有自发的、朴素的性质，但毕竟有了良好的开端。只要有正确的引导，这种反抗就可能变成摧毁旧世界的力量。

这两篇小说中女主人公的思想出发点很不相同。为奴隶的母亲对那个皮贩丈夫是没有多少感情的。皮贩是"一个非常凶狠而暴躁的男子"。他曾将自己刚出世的女儿"如屠户捧将杀的小羊一般，扑通，投下在沸水里了”。就在戕害女儿后的第三天，他又用锄柄敲自己的儿子，使其在右额上留下了伤痕。他对妻子的感情如何呢？妻子被他典出，在离去的头天晚上，他居然能很快安然地“在床上睡去了”，她喊几声也未喊醒，结果是想向他说几句话也没有办到。那她为什么还怀念旧家呢？因为那里有大儿子春宝。比较而言，为奴隶的母亲对秀才家更依恋。她觉得，“这个家庭，和她所典给他的丈夫，都比曾经过去的要好”。生了秋宝以后，她曾经“实在愿意永远在这新的家里住下去”。是不是秀才给了她幸福？不，是她舍不得小儿子秋宝。她想：“春宝的爸爸不是一个长寿的人，他底病一定是在三五年之内要将他带走到不可知的异国里去的”。于是，“她便要求她底第二个丈夫，将春宝也领过来，这样，春宝也在她底眼前。”爱子，是她生活的动力，也是她产生悲剧的原因。生人妻尽管未被出卖时也受着夫权的压榨，但她对丈夫有真挚的感情，丈夫对她也是如此。他俩曾经共同在生活中挣扎。他卖掉她的一个重要原因是“放她一条生路去”。临走时，他还将她“抵押出去的银发簪”赎了回来，让她带去。她感动万分，满脸泪珠：“我不要！你留着有用处，我，——我不要呵！……”她终于走了。

她踉跄着走不到多远，似乎记起一件大事，回过头，提高嗓子，急急的（地）遥遥喊道：“当家的呀，你那件汗衣洗了晾在桑树上，莫忘记收进来！”

感情多么诚挚深切！她从大胡家逃跑，身受重伤后想的却是：

她很懊悔，懊悔不应该离开大胡的家：“简直在发疯，谁叫我要跑的！”但她记起刚才听见的人声，她想：“定是去找他扯皮去了！……我倒害了他！”不知从哪里来的勇气，她不顾一切的（地）挣扎着立起来。

生人妻的思想包含着十分丰富的内容，而且闪耀着金子般的东西。她对卖草的丈夫有真诚的爱，这不可否认。但是，如果仅仅认识到这一点，是很不够的。这位平凡的劳动妇女，在“爱”这个基础之上，已经升华出了一种伟大的牺牲精神！一个受政权、族权、神权和夫权四重压榨的处于社会最底层的劳动妇女有如此崇高的精神境界，真让人赞叹不已。

为奴隶的母亲是一个遭遇悲惨、听天由命、没有觉悟的妇女典型，而生人妻却是一个初步具有反抗精神的崇高的女性。罗淑将我国劳动妇女身上存在的反抗精神和牺牲精神发掘出来，而且给予如此成功的描绘，这在我国现代文学史上，也是不多见的。

三

这两篇名著在艺术手法上有许多相似的地方。

《为奴隶的母亲》和《生人妻》都运用了我国传统的叙述故事的手法，按时间的先后、故事发生的顺序，有条有理地讲述。这样，不仅文化程度不高的人容易看懂，没有文化的人也容易听懂。

《为奴隶的母亲》和《生人妻》还都运用了象征手法。为奴隶的母亲思念病重的春宝，又舍不得即将离去的秋宝，睡梦中也悲戚、惊吓，并喊叫起来。秀才生气了：

> "梦着你底前儿死了么，那么地喊？连我都被你叫醒了。"
>
> 女人急忙地一边回答：
>
> "不，不，……好象我底前面有一圹坟呢！"秀才没有再讲话，而悲哀的幻像更在女人底前面展现开来，她要走向这坟去。

《生人妻》里的象征手法表现在何处呢？卖草的男子将卖妻之事言明后，夫妇都忧伤、气闷。就在这时，"不吉利的猫头鹰"叫了。

> "呸！"男的重重吐了口唾沫，"去你个三十三！"
>
> 女的半睁着眼，迷茫的，女巫似的（地）喃喃咒道：
>
> "号东号西，号你自己，林盘是你大坟地！"

《为奴隶的母亲》中的"坟"象征死亡,《生人妻》中的猫头鹰象征不祥,尽管内中夹杂有迷信思想,但作为一种象征手法也是无可厚非的。

当然,这两篇小说在表现手法上也有许多不同。

从语言的运用来看,《为奴隶的母亲》以深沉细腻见长,而《生人妻》却以简洁明快取胜。柔石将自己的深情与沉痛之感倾注进作品中,并且成功地感染了读者,使其与自己一道沉痛、思考,进而对旧社会产生愤懑并进行反抗。作者在叙述的时候,不慌不忙,不紧不慢,句子绵绵密密,在颇为大众化的语言中夹着知识分子的腔调,语言的结构上也有欧化的痕迹。罗淑在《生人妻》中也灌注了自己的感情,这种感情是沉重的,愤懑的,但又给人以向上的鼓舞,其格调似乎不象《为奴隶的母亲》那样低沉。而语言呢,简洁明快,富有乡土气息,真实感人。

柔石是注重描写人物内心活动的。《为奴隶的母亲》有若干较长的心理描写的段落,例如这位不幸的母亲对丈夫投女婴进沸水的回顾,初到秀才家的一些想法及将离去时与秋宝的难舍难分,均能说明这点。这些心理描写是恰到好处的,是成功的,增强了作品的社会效果。《生人妻》的作者描写内心世界较少,即便描写也较简短。作者往往喜欢用对话、行动来刻画人物。尽管直接进行心理描写较少,但作者仍然为我们展现了主人公复杂、丰富、高尚的精神境界,这是难能可贵的。

在情节的选择和安排上,《为奴隶的母亲》与《生人妻》各具特色。前者的诸情节,如行云流水,连贯而自然,事情平凡而典型,并不使人觉得似曾相识,同时也不使人感到有什么意外。后者在情节的选择和安排上也有自己的独到之处。它大起大落,使人感到意外,但仔细想来又在意料之中。生人妻被卖以后,谁知她会受小叔子的欺侮呢?逃出大胡家,哪个又能料到她会跌进很可能造成死亡的石厂呢?合情合理的大起大落,扣人心弦,加深了悲剧的力量。

四

五四时期,由于李大钊、陈独秀、鲁迅等人的倡导,我国出现了现实主义的文艺思潮。这股思潮在反帝反封建的五四运动中是起了很大作用的。

1928年开始的无产阶级文学运动有不可磨灭的功绩，但由于受了“左”倾机械论的影响，出现了否认作品艺术性的错误倾向，使现实主义的发展受到了限制。鲁迅坚持正确处理政治与艺术的关系，不断排除干扰，开拓着现实主义的发展道路。追随鲁迅、与鲁迅关系密切的柔石，以他的创作在二十年代末、三十年代初再次显示了现实主义的业绩。《为奴隶的母亲》可以说是其代表作。这篇小说无论在柔石的创作中，还是在中国现代文学史上，都具有一定的地位。

《为奴隶的母亲》对《生人妻》的影响是明显的。为奴隶的母亲的不幸可以分成三个阶段：典前的苦难、典后的凄惨、死亡的前夜。罗淑对生人妻悲惨遭遇的安排不也是分成三个阶段吗？卖前的穷困、卖后的灾难和死亡的预示。罗淑生前似乎深入地研究过《为奴隶的母亲》。影响是有的，但并不雷同。这两篇小说发表的时间相距六年多。这六年，中国发生了多么大的变化啊！国民党反动派从1930年开始，连续进行了五次“围剿”，大肆屠杀共产党人和革命群众。“九·一八”事变以后，日本帝国主义强占了东北三省，开始了对我国疯狂进攻，民族矛盾日益上升。中华民族确实到了生死存亡的紧要关头。摆在人们面前的只有一条路，那就是英勇战斗。罗淑与巴金、李健吾、黎烈文、靳以等作家有着诚挚的友谊，她是努力追求进步与光明的。罗淑为革命做了许多工作，无怪乎巴金称她为“社会革命的斗士”。（《纪念一个友人》）明白了这样的历史背景，就不难理解罗淑为什么要着意发掘劳动妇女身上的反抗精神与牺牲精神。在阶级矛盾尖锐、民族矛盾上升的环境中，强调这两种精神，能增强战斗的力量，是很富有现实意义的。

从三十年代初发表《为奴隶的母亲》到三十年代中期《生人妻》的问世，我们可以看出我国现实主义文艺创作的变化与发展。后者在前者的基础上，的确是向前迈进了。

（原载1983年5月四川《社会科学研究》第3期）

论罗淑的创作

尤　敏　屈毓秀

在我国30年代的文坛上，女作家罗淑象彗星一样，划过长空，闪耀着引人注目的光亮，在现代文学史的篇章中，留下了自己的脚印。罗淑的好友、著名作家巴金在罗淑辞世后的第二年，以不能抑制的悲痛的心情，写下了一篇《纪念一个友人》的文章，称罗淑“是中国的一个优秀的女儿”，她的作品“显出了她未来的光荣的成就”，她的死是“文坛的损失”。

一

当我们翻开薄薄的《罗淑选集》，不由得不被罗淑的现实主义创作精神折服。在现代的女作家群中，象罗淑这样从第一篇作品起，就几乎把全部注意力投向严酷的、凋蔽的农村生活和极少有作家描写的盐工生活，画出一幅败落、悲凉的中国农民的生活图画，是不多见的。众所周知，在“五四”所开辟的中国新文学运动中，因囿于个人生活的圈子，不少作家尤其是女作家，常常在他（她）们的作品中，或吁叹个人渺茫的命运和前途，或摹写个人婚姻恋爱的悲欢离合，或发出人生如梦的绝望悲歌。鲁迅在评论“五四”后的小说创作时中肯地写道：“一切作品，诚然大抵很致力于优美，要舞得‘翩跹回翔’，唱得‘宛转抑扬’，然而所感觉的范围却颇为狭窄，不免咀嚼着身边的小小的悲欢，而且就看这小悲欢为全世界。”（《〈中国新文学大系〉小说二集序》）这是“五四”以后不少作家相当普遍存在的弊端，到了30年代，也仍有这种情形。而罗淑的创作，却没有一篇是叙个人生活悲欢的。她取材于农村和社会底层的生活，描写贫苦农民、盐井工人和社会底层的“小人物”，反映了罗淑敏锐的观察生活的能力和反映生活的深刻性。她的成名作《生人妻》，真实地描写了四川农村一个令人触目惊心的悲惨事实，即出卖活人妻，成功地塑造了一个敢于抗争的山野农村妇女的形象。《桔子》描写了桔农因为负债累累，不得不忍痛把桔子贱卖给商贩的故事。《井工》、《阿牛》、《地上的一角》、《鱼儿坳》描写的是盐工的遭遇。值得赞赏的是，罗淑在描写苦难中的农民、盐工生活的时候，并不是对生活持漠然的客观态度，而是寄托着作家对劳动人民的深切的同情，包含着自己鲜明的爱和憎。她描写累得“躺在牛粪便中”睡觉的盐工，描写盐工因过度疲劳仍要守在井台上“用一节竹管两头挖个小泥丸把眼皮上下绷起来”，描写因为“煤烟和水蒸气”模糊了眼睛而“失脚跌下滚腾着白色溶液的盐锅”死了的盐工，鞭挞了盐主和监工盘剥、压榨工人的黑暗现实。罗淑不仅同情穷苦百姓的不幸遭遇，而且还能从劳苦人民的身上汲取感情的乳汁。《轿夫》这篇散文写“我”乘轿到同学家做客，她的轿比别人的落后了，四周是苍茫的暮色，便责问轿夫为什么不赶上，当她知道这两个轿夫原来是女扮男妆，非常吃惊地问她们为什么要跑来抬轿，女轿夫干脆地答道：“为肚皮呵！”并发出了无可奈何的哈哈笑声。这时，作者写道：

> 这种笑，在她们也许是单纯的，可是我觉得那里面夹杂着讽刺，夹杂着血和泪，愤怒和呼号，它使我发起呆来，我木然地任她们把我抬着在苍茫的暮色里缓慢地走着。

女轿夫的酸楚，“我”的自愧，跃然纸上，让读者似乎也尝到了生活的苦涩的滋味，读来深沉而韵味无穷。

鲁迅在1931年写给四川青年作家沙汀和艾芜的一封信中，讲到“选材要严，开掘要深，不可将一点琐屑没有意思的事故，便填成一篇，以创作丰富自乐”。罗淑的创作显然也遵循了以鲁迅为代表的五四新文学的战斗传统，不回避和粉饰旧中国残酷的现实，敢于直面加以暴露。她不仅同情受苦受难的被压迫者，而且把她的笔触深入到生活当中，努力“将旧社会的病根暴露出来”。

罗淑真实地无情地再现了旧中国农村日益破产的情景，揭示农村经济濒临崩溃，自耕自食的农民逐渐沦为丧失土地的贫雇农，古旧的农村正发生着剧烈的变化。《生人妻》中卖草夫妇本来也是有地有房的农民，可是后来失去了土地，变得一贫如洗，连妻子也被卖掉了。《桔子》里的阿全叔勤劳节俭，原来每年的桔子“还没有成成气气的卖过，一半是给小娃们糟蹋了，一半榨了饼卖”，而现在却连摘一个桔子给孙子吃都舍不得，忍痛贱卖还债。《地上的一角》中的二爷，挣扎着过日子，但只靠种田已经不能糊口了，就去做盐贩子。但盐税又有增无已，他又在一次群众抗税中被无辜捉去，等到卖掉棺木，化了四十多元钱保释回家，却又病倒了。罗淑通过她的作品主人公的命运，形象地揭示了一个真理：老一代农民所走的道路，即一半靠天命，一半靠自己劳动，获得最起码的生活资料，毕竟是走不通了，但出路到底在哪里呢？作者的思想是不明确的，她只是朦胧地感到应该反抗，于是，二爷的儿子长发起来抗争了，联合了其他盐贩子偷关抗税。罗淑由于生活条件的限制，还没有看到当时蓬勃发展的农民运动。至于农民破产的原因，她也还没有象茅盾写“农村三部曲”那样的思想高度，明确地揭示出，农村的破产是帝国主义经济侵略的进一步深入，国民党反动统治对农民掠夺的结果。然而，罗淑能够忠于现实生活，他写到了奸商对农民的乘机盘剥；写到了反动资本家代理人的横行霸道；也写到了资本家与官署相勾结对农民的迫害；尤其摹写了盐井工业发展给农民带来的破坏性灾难。《地上的一角》中的阴阳先生就这样对二爷说：“凡是挨近丁厂的田土，哪一亩地不现出枯色，哪一根树不蒙上一层黑黑的霜”，“他们越发，你们就越败”！富者越富，穷者越穷，这是旧中国阶级矛盾的生动写照。阴阳先生讲龙脉，讲风水，平常“天机”“天命”挂在嘴边，但他见多识广，道出了“你们倒灶”“他们家家发”的殖民地半殖民地人民生活真相。仅此一点，罗淑对于社会生活的观察和剖示，是有见地的。

罗淑作为一个入世不深的小资产阶级女作家，为什么从一开始就能把笔触完全聚集在社会的底层，把深沉的目光投向凋蔽的农村？

当1932年罗淑从法国回来的时候，中国的现实是，在国民党反动统治下，阶级矛盾进一步激化，大规模的军阀混战，给人民造成了深重的灾难。农村经济被摧残、破坏，广大农民挣扎在饥饿的死亡线上。罗淑目睹了这一切。同时，30年代初正是无产阶级革命文学运动蓬勃兴起的时期，在文学创作上，在继承五四新文学传统的基础上，有了新的发展和明显的变化。这种重大变化之一，就是文学和现实生活的联系更密切了，许多作家把他们的视野转向了当时凋蔽破产的农村。其中有一批左翼作家和进步作家，如茅盾、丁玲、叶紫、沙汀、艾芜，以及叶绍钧、吴组缃、蒋牧良等，在他们的作品中，都努力反映了农村动荡、崩溃的景况，为中国新文学开拓了新的广阔的领域。罗淑创作题材的选择，无疑是受到了当时文学运动的影响。然而，更重要的却是内在的因素。尽管在她执笔时，早已远离了童少年时她所熟悉的四川农村，可是故乡的人民，故乡的生活，却深深铭刻在她的记忆里，使她难以忘怀。罗淑的女儿马小弥同志在《关于母亲的点滴回忆》中写道："当年，我的外祖父在简阳石桥井开了个熬盐的'聚兴灶'，有六七口盐井，雇十六七个工人。盐井深二三十丈，井口很小，只能容碗口大小的竹筒伸入井里吸取盐水。取盐水、熬盐巴是十分繁重的体力劳动。盐工们成年累月拚死拚活地干，到头来还是食不果腹，衣不蔽体，过着非人的生活。'聚兴灶'附近农民的生活，也跟盐工们同样悲惨。年幼的母亲目睹劳动人民的生活惨状，感受着他们忠厚、淳朴、善良的品质，小小的心灵里，很早便播下了对受苦人深深同情的种子。"可见，罗淑关于盐工生活的描写，是有生活来源的；她创作中鲜明的倾向性，是有其思想基础的。此外，外国进步文学，尤其是那些以被侮辱、被损害的人为主人公的俄罗斯文学作品及其人道主义精神，都可能影响着罗淑的创作。由此可见，在那个阶级矛盾十分尖锐的时代，在一个有众多进步作家朋友的环境中，又有一段农村生活的经历，罗淑紧紧地把握着时代的脉搏，用她的感情灌注在农村生活的园地里，就不是偶然的了。

二

文学创作的成败得失，决定于是否能刻画出闪光的艺术形象。罗淑是如何塑造人物的呢？她的笔下虽然还缺乏动人心弦的艺术典型，但她善于挖掘蕴蓄在看来是很卑微的小人物身上倔强的个性，不同程度地赋予他们反抗的性格。面对茫茫的黑暗世界，罗淑并没有让她的主人公低下头来或者走上绝路。作者对生活抱着积极的态度，努力揭示被压迫者、被损害者的痛苦，却不哀怨感伤；她也不把那些“小人物”写成麻木不仁者，而是发掘他们身上潜在的精神力量。无论是劳动妇女、井工，还是贫苦农民、轿夫，都不完全是逆来顺受的人。如果说，他（她）们原来还存有软弱的一面，但最后都产生了不同形式的反抗。《桔子》中的阿全叔，是一个老实不过的朴厚老农，出于无奈才贱卖了桔子，小孙孙吵着要吃桔子，他想顺手摘一个，却碰见了买下桔子的商贩那揶揄的微笑。阿全叔气炸了，在心里喊道：“你以为我在偷你的桔子？那是我的！顶多我拿过你六元钱，退你，把钱退你！我的东西！我爱怎么样就怎么样！……”在这里，我们似乎听到了一个老农对不平生活发出的不可抑制的呐喊之声！《生人妻》中的卖草女人，被丈夫卖掉了，但她难以忍受被人调戏和侮辱，拚死地逃了出来。在她身上分明带着山野妇女所独有的倔强性格。如果说，卖草女人的反抗性是在受到侮辱后才爆发出来的，那么，刘嫂（《刘嫂》）却自始至终都透着一股强烈的、桀骜不驯的反抗性。她当过使女、乞丐，历尽了生活的磨难，被人歧视，甚至肉体被摧残，可是她决不向命运低头。

对不合理的社会进行抗争，甚至报复，这在罗淑所塑造的青年井工身上，表现得尤为突出。老瓜（《井工》）这个盐工本来象一株生长在山野的植物，一旦被搬到没有阳光、没有温暖的暗室里，就逐渐枯萎下去。他害怕日夜翻着大白泡的热盐锅，是一个“顶不足算的一批当中尤其不足算的一个”，简直是“一只草索编成的柳条篮，载不住任何的汤和水”，成天只知汲盐水，吃饭，喝酒，唱山歌，困觉，被人看成是一个滑稽而可轻视的人。就是这么一个盐工，当他的弟弟冻饿而死，自己又被工厂开除，一种强烈的复仇反抗念头油然而生。他用一个半月的工资，偷偷买了一把斧和凿。罗淑采用了先抑后扬的艺术手法，以热烈的笔调，描绘老瓜去偷盐主的盐船进行反抗和复仇时，这个“顶不足算”的老瓜——意味着“懦弱”和“憨痴”的名字，忽然迸发出了夺目的光彩：一向阴冷的盐井，景色变得富有诗意了；粉红色的天边松松的拥着深翠的山峦；山脚下河水闪着异样的波光，一波盖一波地向下流去。老瓜也不“憨痴”了，他巧装捉蟹，机智地避开人们的耳目。他对着盐厂的煤烟，示威似的挥舞着拳头，他从烟里似乎看见有一个戴玳瑁眼镜的人的脸——盐厂的管事的凶恶的脸。老瓜仿佛大手掌里握住了无数的生命——盐主、监工——，“一下把他们都投陷到极深的地底下了”。老瓜失了昔日猥琐的神态，变得高大起来了：“胸膛全部突出”，“有力气、有胆子”，“人也仿佛高大了一点了”。终于，他劫走了一只盐船，并且希望有人能知道是他干的。从此，盐厂居然不敢再走夜船。老瓜的反抗虽然带着自发和报复的盲目性，但在这么一个不为人所知的角落里，有人敢于起来和盐主进行斗争，就是件不简单的壮举了。罗淑在其他一些篇章中，也刻画了一些具有反抗性的形象。《阿牛》中的阿牛，“自从来到这世界上，就怀恨一切人，他象一条野牛，眼里总闪着怒火”，敢于骂工厂的管事。《贼》中的老陈，最终难于容忍看客们鉴赏他们的痛苦，一反忍气吞声的常态，高昂着头，愤怒地痛骂：“这一群猪，这一群狗，狠心的贼子……我不怕你们。去，带我吃官司去。”罗淑所刻画的人物，在困境和残暴面前，不甘沉沦，敢于和命运宣战。这是罗淑作品中的一个主要的艺术特色。

罗淑刻画人物也十分注意展示其朴厚的人情美。《生人妻》中的丈夫被迫卖了妻子，赎回了银发簪没忘了送还给妻子，妻子见了多年不见的心爱宝物，不禁泪珠滚滚情深意笃地又交还给丈夫，说：“我不要！——你留着有用处，我——我不要呵！”这银簪象柄锐利的剑，划开了他们心上的隔膜，他们纯朴真诚的夫妻恩情，仿佛从那心的裂缝中流淌出来。妻子走远了，还回头嘱咐丈夫：“当家的呀，你那件汗衣洗了晾在桑树上，莫忘记收进来！”这一画龙点睛的细节描写，情真意真，动人心弦。

《桔子》中阿全叔和孙子丁丁之间的感情也是描绘得十分真切的。丁丁只有六岁，多么想吃到鲜红的桔子啊！当他看见树上的桔子被张商贩摘走了，伤心地哭了。他妈妈因为对阿全叔贱卖桔子生气，打了丁丁，阿全叔看着孙子脸上晶莹的泪珠，疼爱和委屈一齐杂揉在他老年多感的心坎上。他抚摸着丁丁柔软的短发，看见丁丁“一双眼睛睁得大大的，明澈的黑眼珠，经过泪水的浸洗分外显得明澈了。那一闪一闪的光辉象春天的朝阳，唤醒了给忧患压榨得快要枯槁了的心，给了他以无上的安慰，但这安慰中是包含了不少的辛酸成分的”。丰收的桔子没有给阿全叔带来希望，反而增加了无限忧愁；只有孙子“明澈的黑眼珠”才能安慰当爷爷的“枯槁了的心”。这相依为命的真挚的祖孙之情，反衬出社会的阴冷。

三

“文笔并不华丽，那里面有的是一种真实朴素的美。”巴金在评价罗淑的创作时这样说。的确，罗淑和许多中国现代女作家纤巧、绮丽的语言风格不同，显示着一种泥土般的真实质朴的特色。罗淑能够从群众的语言中汲取丰富的营养，常常是寥寥数语，就把村妇、女佣、盐工的个性，栩栩如生地描绘出来。

刘嫂因为贪酒，被主人辞退了。在临别的夜晚，她和一伙人喝酒，小说是这样写刘嫂的：

> ……刘嫂脸色很红，衣袖捞得高高的，上襟的钮扣也解开了，半个身躯几乎是裸露着，这奇怪的模样我是第一次看见，我不懂她为什么要这样。过后想来，说不定她因为不再吃这家的饭，不需顾忌什么了，她要挣脱三年来所受的拘束，在这临别的夜晚让她尽量地发泄一次吧！
>
> “托个人求求上头的，说不定会留你。”
>
> “本来，吃人茶饭受人管！……”
>
> “不消！不消！别人不要你，估倒干也没意思，帮人的人，一根脚杆在里，一根脚杆在外，对就踏进去，不对退出来，东家不行又走西家。人只要有两只脚，两只手，到处好找饭吃。我连叫化子都当过了！还有什么事做不来？……”

当她过了八年重访主人，坚持要趁黑离开，主人好意问她：“你就这样过下去吗？——不打算找别的事做？”刘嫂的话也非常干脆：

“我是撒野惯了，粗脚粗手，更是细巧不来了。就这样吧！……哪里黑就哪里息，一个人总不会饿死！”请看，罗淑的语言多么朴实，自然，生动，形象！“东家不行走西家”，“哪里黑就哪里息”，就把一个习惯于险滩恶浪中行走的人物性格，活脱脱地展示在读者眼前。这里，毫不带一点儿洋腔洋调，完全是口语化的群众语言，且富于个性化，运用得又是那么纯熟、准确，毫无生硬造作之痕迹。这在30年代的小说创作中，是难能可贵的。我们不能不承认，洋溢着浓郁的泥土气息和乡土芳香的语言，构成了罗淑创作的又一个重要的艺术特色。

现实主义作家都十分重视对风俗人情的描绘，因为这些描绘能够增强作品的真实感，使作品产生一种特殊的艺术魅力，同时也为人们了解民俗人情提供重要资料。批判现实主义大师巴尔扎克就把他的浩瀚的作品称作“风俗研究”。鲁迅的作品也为我们留下了我国民族生活方式的风俗画卷，30年代在“左联”和鲁迅的培养、影响下成长起来的青年作家沙汀、艾芜、肖军、肖红等，也都是风俗画的佼佼者。同样，从一登上文坛就显得成熟而颇具风格的罗淑，在她的作品中，也很注意描绘川西地方的独特的乡土风情。在《生人妻》里，那幅娶活人妻的风俗画是多么鲜明：在深夜的山间小道上，一盏孤灯在前引路，缤纷乱舞的光圈照见了一前一后两个抬轿人。女人到新丈夫家后，必须按照规矩到猪圈里去洗澡，叫做“洗晦气”——大约因为她是活人妻子的缘故吧！读者从这幅风俗画里了解到当时四川山区十分落后的风俗习惯，对妇女精神上的蹂躏与摧残达到了何等惊人的地步。这种娶活人妻的习俗比柔石的《为奴隶的母亲》里写的浙江典妻更为残酷、野蛮。因为贫苦，农民把妻子典卖出去后，几年后还可赎回，而“生人妻”却永远不可能再回来了。当罗曼·罗兰看到柔石的《为奴隶的母亲》后，曾经为中国妇女奴隶般的悲惨命运而感到震惊；如若他看到《生人妻》，不知如何震惊呢！

《罗淑选集》里八篇小说就有四篇是写盐工生活的。她为我们描绘了这地上的一角的污秽、笨重的劳动、盐泡菜饭食、牛粪臭味的草棚，在那里，盐工的血泪和盐水一齐流淌啊！

盐井毗连一片立在山巅上，每一个井棚里仿佛动的只有牛脚蹄车盘和绞水的辘轳，人们板起一张冷脸，谁都不肯出一点声音，象在和谁赌气，又象他们说话的力量都给什么压榨完了。但他们的心是同样的急迫，同样的希望着一件事：时间快点过去，快把盐水的筒数汲够，让别的伙伴来接班，自己的身体能早早地倒上那张铺了稻草的地铺，一直睡到天明。

在这里，罗淑给我们勾画出了一幅盐井阴冷、疲累、淹淹一息的劳动和生活的图画。这里，没有生命的活力，没有生活的追求，似乎连呼吸也停止了。著名作家李健吾在谈到这一点时说："特别是那些关于盐厂的片断小说，把一个我从来不曾接识的世界展给我看，似乎还没有第二个作家注意这个偏僻角落"。

罗淑写景的文字不多，即使着笔也是很吝惜的。她写自然景物，不喜用五彩的画笔去涂抹，她用的是小刻刀，以简练、刚柔相济的刀笔为我们制作了一幅幅黑白分明的版画。"一片轻淡的、山里常有的薄雾笼罩着隐藏在幽暗的树林里的几点灯火，残萤似的，加强了凄寂的浓度"，这是一帧略带凄寂的山村晚景。"鲜艳艳的红桔衬着浓绿的肥叶，把三间破旧的草房显露得特别幽雅起来"，是一幅简朴而雅静的农家小照。白天，到处是"被阳光照耀着污浊的绿色的脏水"，深夜里却象个巨大的魔影，无疑是盐厂的景象了。罗淑不仅运笔经济，而且从不为写景而写景，总是和人物、情节、故事和要表达的主题紧紧相连，在不同的景物描写中寄托一定的感情，表现一定的地方色彩。从这一点，我们也可以看出，罗淑虽然留学法国，热爱外国文学，却没有追求欧化，而是努力继承祖国的优秀文学传统，坚持走具有民族特色的艺术道路。

在现代文学的百花园中，罗淑的作品象一株平凡的花卉，也许它没有鲜艳的色彩和浓郁的芳香，然而却有一股沁人心脾的幽香。它是耐人咀嚼的。我们以为，给罗淑在现代文学史中占有一席之地，是不为过的。

（原载1983年6月《抗战文艺研究》第3期）

罗淑和她的小说创作

周　音

一

在本世纪30年代群星璀灿的中国文坛上，曾有一颗明亮的星。巴金为她起了一个美丽的名子——罗淑。

罗淑原名罗世弥，四川简阳县人，1903年出生。她幼年在乡间读私塾，因为天资聪颖，文笔清丽，父亲遂送她到比较开明的成都女子师范读书。随着五四新文化运动的传播，罗淑在刚刚跨入青年时代时，就阅读了《新青年》、《小说月报》等进步刊物。在新思潮的熏陶下，她成了一个反对军阀统治、反对封建旧文化的新女性。

1929年罗淑师范毕业，与她热恋八年之久的马宗融立即把她从四川迎往法国，他们在那里结了婚。罗淑并没有因此中断学习，她入了里昂大学。罗淑的法文学得很实在，能读能译。她专攻教育学、心理学，同时对文学也有浓厚兴趣。她最喜欢的作家是法国的罗曼·罗兰和俄国的车尔尼雪夫斯基。

1931年，日本发动了侵华战争，身居海外的罗淑十分怀念自己的祖国，1933年她刚一结束学业，就不顾亲友的劝阻，毅然踏上归途。罗淑回国之后，在颠沛流离的生涯中，勤奋刻苦，翻译出版了车尔尼雪夫斯基的《怎么办》节译本（当时书名译为《何为》）。1936年，当“罗淑”这个陌生的名字伴随那朴素新鲜的《生人妻》出现在巴金、靳以主办的《文季月刊》上的时候,《文季月刊》的作者和读者群都被她的才华震惊了。许多著名评论家认为这是一位“很有希望”的作家。人们在询问、猜度:“罗淑是谁呢?”当大家了解到罗淑竟是他们早已熟悉,甚至亲如姊妹的朋友罗世弥时,他们是怎样的惊喜啊!大家怀着友爱,怀着热望,注视着这颗新星,期待着她放射出更加绚丽动人的光辉。然而,天不假以年,1938年2月27日,罗淑竟因产褥热而永别人间。罗淑的消失,给友人留下了无限怅惘、悲哀。罗淑的消失,给中国文坛带来的损失,至今令人慨叹和惋惜。

人们怀念罗淑,因为她有“一颗澄明的女性灵魂”。李健吾说她“没有一丝丝假,不造作,也不愚呆,平平常常,亲亲热热,正因为这样,她的人世知识不惊人,却相当厚实。”(《记罗淑》)巴金回忆说:“世弥是一个平凡的人,甚至在她的外貌上也看不出一点锋芒。她写过文章,但她的文笔并不华丽,那里面有的是一种真实朴素的美。她不喜欢表现自己,她写文章也不愿意让朋友们知道。她把她的热情隐藏在温厚的外表下。许多人说她是一个贤妻良母型的女性,却少有人知道她是社会革命的斗士。”(《纪念一个友人》)巴金的回忆概括了罗淑为人的特点,也概括了罗淑为文的特点。

二

罗淑的创作时间不长,只给我们留下三本薄薄的遗作:《生人妻》(1938年)、《地上的一角》(1939年)、《鱼儿坳》(1941年)。

罗淑的小说,没有惊天动地的人物,没有曲折离奇的情节,没有错综的社会矛盾,没有深奥的人生哲理。读她的小说,仿佛有一股感情激流的冲击,另有一种动人的力量。她对农村妇女以及整个下层劳苦大众的无限同情,她对旧世界黑暗的无穷诅咒,使人看到了她那颗善良、火热的真诚的心。正如李健吾说的那样:“她不夸张,然而她有感情;她爱人类,然而她不呐喊。”(《记罗淑》)正是由于罗淑这种内在气质和人格,才使她在创作上形成了自己独特的艺术风格:平凡的人物,简单的故事,浑然一体的结构,处处显现着真实素朴的美。

最能表现罗淑小说创作风格的是她的《生人妻》。《生人妻》发表于1936年9月号《文季月刊》上，写的是近代中国最黑暗的军阀统治时期一个痛苦的角落——罗淑家乡四川沱江上游山地里发生的故事。一对年轻的夫妇，以割卖青草为生。虽然他们“象两匹极度饥饿的兽，明明感到自己的疲乏”，却不得不拚命挣扎。由于阶级压迫日益深重，他们尽管走遍所有能走的人家，减低到不能再减的价钱，他们的青草仍然卖不出去。被逼无奈，丈夫不得不以卖掉妻子的方式，放她一条活路。然而，在结婚的宴筵上妻子就遭到新夫的辱骂，接着又遭小叔的调戏。在忍无可忍的情况下，她愤然逃走，经过一夜的颠簸，黎明回到故家时，丈夫却因为她的逃婚而被人抓走了。

这个故事简单而平凡。在现代文学史上表现这种悲剧题材的小说，《生人妻》并不是第一部。曾被鲁迅称赞为“能将乡间的死，泥土的气息，移在纸上”(《中国新文学大系·小说二集导言》)的乡土文学家台静农，在1926年就写了一篇小说《蚯蚓们》，说他家乡的农民在大荒之年联合起来，向地主借贷不成遭到镇压，农民走投无路，只好卖妻鬻子。一个名叫李小的青年农民将自己的妻子和儿子卖给财主只换取“大钱四十串”。柔石则于1930年成功地创作了《为奴隶的母亲》，写了一个更为凄苦、令人心碎的典妻故事，表现了旧中国劳动妇女极其悲惨的命运。

如果我们把这三篇同样题材的小说加以比较，就会看到它们的共同特点。它们写的都是平常的人和事，既没有夸张人物的性格，也没有制造离奇的情节。这恰好说明这种悲剧的普遍社会意义。三篇小说的不同之处，在于表现夫妻生离时艺术手法不尽相同。

台静农使用的是客观叙述和对话直白的方法。李小一觉醒来，看见“妻在门口迎着月光坐着，正在收拾伊平日的针线，隐隐地还听着伊伤心的叹息。于是他向伊问：

‘为什么还不睡呢？’

‘那有心肠睡！’伊低声说。

他听了，全身立刻震动了，又颤栗地向伊说：‘我真对不起你，使你走了这条路。’

他说了，并未听见伊的答话。少顷，他看见月光之下伊的影子，在那里颤动，原来伊是在啜泣。于是他也忍不住哭了。”

这里台静农写出了夫妻间依恋不舍、穷苦无告的情形，但稍显浅露。

柔石是用人物行动表现人物内心的。春宝娘在临去的夜晚，“将春宝的几件破衣服都修补好；春将完了，夏将到了，可是她，连孩子冬天用的破烂棉袄都拿出来，移交给他的父亲——实在，他已经在床上睡去了。以后，她坐在他的旁边，想对他说几句话，可是长夜是迟延着过去，她的话一句也说不出。而且，她大着胆向他叫了几声，发了几个听不清楚的音，声音在他的耳外，她也就睡下不说了。”这里展示了春宝娘内心的痛苦和悲哀，而春宝爸爸的麻木更加突出了春宝娘的不幸。

与上述两位作家不同，罗淑写得深沉、含蓄，感情丰满。她先以简练的描述，写出了夫妻对立的僵局：妻子骂丈夫“狼心狗肺”，“全不要良心”，而且“浑身发抖，喘着气”；丈夫的“舌头象结了冰”，“急得连连跺脚”。接着罗淑用夹叙夹议的方法，写出了夫妻间感情的变化。妻子已从丈夫外貌变化上看出了他内心的痛苦与折磨，又看到他从床头稻草底下拿出自己用了二十几年，不久前才抵押出去的银发簪，她明白了。接着，作者写道：

“哪！把这带去。”拿着簪的那只大手颤抖着。

“你几时赎回来的？”象失落多年心爱的宝物，一旦又回到自己的手里来，她的微颤的声音是悲和喜的交集，她说着就走过来伸手去接，但马上她的手又落下去了，同时两颗蕴蓄已久，却被由不理解而来的恨抑住了的泪珠也滚了下来，她连连摇头哽咽地说：

“我不要！——你留着有用处，我，——我不要呵！……”

银簪直是一柄锋利的剑，给他们划开了心的隔膜，就从那裂缝中涌出纯朴的真诚的感情。

罗淑的笔力是惊人的。一支银发簪消除了夫妻间的误会，拉近了夫妻间的距离。原来丈夫出典妻子并不是为了自己，而是为了爱；妻子执意不肯离去，正是要和丈夫同生死、共患难。一支银发簪映出两颗纯真的心。妻子在丈夫真诚深厚的爱的面前感动了：“牵起衣角揩干眼泪，看着静穆得象一尊塑像似的她的丈夫说：‘我走！’男的点点头，不作声。”谁会想到，她没走多远，又“似乎记起一件大事，回过头，提高嗓子，急急的遥遥喊道：‘当家的呀，你那件汗衣洗了晾在桑树上，莫忘记收进来！’”这真是神来之笔，令人震惊。这动人心魄的喊声，永远萦绕在读者的耳际，回响在读者的心里。谁能忘记这位纯朴善良的四川农村妇女呢？谁能不为她这种真挚强烈的爱所打动呢？罗淑仅用平凡的一句话，就把一对恩爱夫妻被迫分离时妻子的内心感情表现得如此深沉含蓄、强烈感人，是以上两位作家所不及的。我们从这一幕夫妻生离的悲剧中，不但看到了这对年轻夫妻间纯真高尚的爱情，更看到了笼罩他们命运之上的巨大的社会黑暗的阴影。罗淑一方面揭示人物内心的美好世界，另一方面却把批判的矛头指向了野蛮的社会制度。正是在这个意义上，罗淑反映了生活本质的东西。《生人妻》是罗淑的成名作，也是罗淑对现代文学的一大贡献。

三

为什么简单的故事，平凡的人物，浑朴自然的结构，在罗淑的笔下就能焕发出真纯朴素的美，爆发出如此震撼人心的力量呢？

真，是美的生命；只有真，才能打动人心。罗淑的小说是真实的。罗淑以女性细腻的观察，对生活的认识和感受是深刻而独特的。在《生人妻》里，罗淑真实地写出了一个妻子对丈夫诚挚的爱，这种爱不仅表现在卖草人妻子顺从丈夫，离开了家，也表现在她逃离胡家之后的“懊悔”之中。她“懊悔不应该离开大胡的家：‘简直在发疯，谁叫我要跑的！’……‘我倒害了他！’不知从哪里来的勇气，她不顾一切的挣扎着立起来。”罗淑在另一篇小说《刘嫂》里则表现了女性的另一种爱——慈母心怀。刘嫂是一个相貌丑陋而心地善良的女仆。她十五岁被拐骗做了使女，遭受主人奸污后，又被“赶出那道立着两个石狮子的黑漆大门”，孩子生在茅厕里，三天之后就死了。她到处飘落，做过补衣妇，卖过粥，后来当了女仆。在做女仆期间，她关心爱护主人家的孩子，给她讲故事，唱歌谣，就是在她被辞掉的那天，她还给孩子买来了爱吃的鲜藕和菱角。八年之后，她不远千里，沿路乞讨，从湖广来到四川，专程看望她曾经照顾过的孩子，虽然这孩子已是小姐身份了，但她的目光仍在孩子周身扫掠，追寻着八年前小小的影像。尽管自己衣裳褴褛，饱尝辛酸，但她善良的心并没有憔悴。虽然她过着朝不保夕的流浪生活，但她却说："好日子坏日子全是一样过。过不得也要过下去。"她的生活信条是，"人只要有两只脚，两只手，到处好找饭吃。"罗淑笔下的刘嫂性格，正是旧中国劳动妇女的真实写照。罗淑衷心地赞赏刘嫂善良的慈母心怀和顽强的生活意志，所以作品结尾时，罗淑写道："我相信一直到现在她还是生活着。我祝福她这了解生活的人。"罗淑在丑恶的现实生活当中发现了农村妇女内在的美和旺盛的生命力，字里行间洋溢着振奋求生的精神，读来令人心潮激荡。

罗淑不仅对家乡妇女形象的描写是生动感人的，而且更把同情的目光投向她所熟悉的盐工身上。罗淑自幼生长在沱江上游，那里盛产井盐。在连绵起伏的丘陵上，盐井毗连一片。井棚里，面黄肌瘦，发育不全的童工日夜困乏地赶着牛，汲盐水的辘轳永远响着单调的、令人心碎的声音。灶房里，直径二米多翻滚着白泡的盐锅，一字排着。灶匠个个浑身漆黑，枯瘦如柴，随时都有跌入盐锅的危险。罗淑的父亲就是这样一个盐厂的老板。罗淑从小就目睹了这一切，在内心蕴发着对厂主的憎恶和对广大盐工的同情。作家这种内心真切的感受随着年龄的增长，思想的成熟，逐渐酿成一种创作的冲动。她曾对朋友说，她小时候的生活和四川的一些特别情况，很可以写成一部长篇小说。但朋友的意思认为长篇比较难作，起初不妨从那些材料中抽取一个片断写成短篇或中篇。罗淑这样做了，她把自己在家乡的所见所闻进行艺术加工，赋予它们鲜明的感情色彩，于是，罗淑笔下的盐工故事，就不但富有生活的纯朴清新的气息，而且具有打动人心的感情力量。她一连写了《井工》、《阿牛》、《地上的一角》、《鱼儿坳》等有关盐工生活的小说，其中《井工》是最有代表性的一篇。

《井工》的主人公是一个饱受人们讪笑和揶揄的角色——老瓜。"老瓜"的意思是无力，是懦弱，甚至是憨痴。他十三岁时，父亲煮死在沸腾的盐锅里，从那时起，他就顶替父亲做了盐工，吃的是咸水饭，睡的是脏牛棚。没有温暖，没有同情，他是弱者中最弱的一个。正像小说里所说"同情虽是不要求任何代价，可也并不是无故的可以浪费、施舍，老瓜象一只草索编成的柳条篮，载不住任何的汤和水。"在弟弟被冻死之后，他毅然辞去盐工的职务，用所得工钱买了斧和凿，偷放了一条庞大的盐船，随船而去。罗淑希望他过上一种新的生活。一个受尽压榨，饱尝凄苦的弱者，终于冲破“老瓜”的外壳，去寻找新的世界，开拓自己新的生命，这该怎样令人欣喜呀！罗淑的心禁不住与老瓜的心一起跳动：他希望别人从斧和凿上猜出是老瓜。一种抑制不住的激动和喜悦从作者的笔端流露出来。尽管不知道老瓜的前途命运如何，但罗淑鼓动受苦人起来造反的情怀已表露无遗。这样，不仅为作品显出一些亮色，也在读者心中产生了共鸣。

罗淑的视野是开阔的，她写家乡的妇女、盐工，也关心着家乡的桔农。她熟悉他们的生活，了解他们的命运。她以一种真诚、坦率的态度和读者娓娓谈心，朴素自然，从容不迫。她没有想到要用故事的跌宕起伏去打动读者，吸引读者，但是读者却为她情真意切的讲述所感动，所吸引。比如她的小说《桔子》就是。桔农阿全叔家的桔子全红了，多得压弯了枝。不满六岁的小孙儿丁丁“又欢欣、又骄傲”，嚷着要吃桔子，可无论是爷爷，还是爸爸、妈妈都没能满足他的要求。年关到了，一家人辛苦一年，结果是负债累累。要想换几个现钱，就必须卖掉全部的桔子。桔商张贩子见此情景，骄横而阴险地把桔价压到最低的程度，迫使阿全叔忍痛卖桔，小丁丁眼睁睁地望着“那个腰缠红布带的大男人”把他家桔子通通抢走，而自己竟连一口桔子也没吃上。从这样一个桔子的故事，我们体味了罗淑对阿全叔一家的同情，对桔商的憎恨，看到了沱江流域桔农横遭剥削，陷入困境的悲惨图景。

罗淑以真诚朴实的感情，写出了四川沱江流域社会生活的各个方面。因为是家乡里的故事，所以亲切而本色，处处洋溢着乡土气息。再加上四川方言口语的运用，使作品更是生动、传神。因此，虽然罗淑的小说故事简单，人物平凡，结构浑朴，但却以情动人，显示着生活本质上的美，这是罗淑小说最宝贵的地方。

四

带着家乡浓郁的生活气息，凝聚着自己深厚的感情，罗淑以真实朴素的艺术风格步入了中国30年代的文坛。

也许是她的创作时间太短，也许是她留下的作品不多，总之，她还没有引起文学史家和评论家们应有的重视，对于有些读者来说，她的名字甚至是陌生的。这不是一件憾事吗？

罗淑的小说，“不似若干女子，沿着身世凄凉之感的传统的路子写些哀怨的词句”（《记罗淑》）。是的，在中国现代文学史上，曾出现过许多著名的女作家，但是由于社会的黑暗，由于找不到出路，她们常使自己处于个人的苦闷哀伤之中。比如五四时期成名的女作家庐隐，在长达十三四年的创作活动中，“她给我们看的，只不过是她自己，她的爱人，她的朋友”，“她告诉我们的，只是一句话：感情与理智冲突下的悲观苦闷”（茅盾：《庐隐论》）。肖红，是和罗淑同时代出现、风格颇为相近的一位有才华的作家，在鲁迅的帮助和影响下，她对中国现代文学的贡献是十分可贵的。然而，由于她个人在感情上一再受伤，使她始终不能摆脱个人的悲哀和狭小的生活天地，她那寂寞苦闷的心情，为她的作品投上一层感伤的阴影。由此看来，罗淑的小说创作无疑是健康的。当她留法归来之后，当她提笔默默唱着心灵之歌的时候，就把专注的目光投向被剥削被压迫的劳苦大众，突破了身边琐事和个人悲欢的狭隘表现范围，摈弃了革命加恋爱的呆板公式，把现实主义的笔触直接伸向民间的真实生活，揭露军阀统治下的黑暗，表现劳动人民身受的痛苦。没有个人的哀怨，没有感伤的情调，她心里始终蓄着对劳动人民的同情和对黑暗现实的诅咒。罗淑是以自己的笔与人民大众站在一起的，与左翼文艺运动共同前进的。

罗淑的小说出现在中国30年代的文坛，其意义是不容忽视的。当年，在鲁迅的光辉旗帜下，中国一切坚持正义、追求真理的文艺工作者冲破了反革命的文化围剿，取得了文学创作上的出色成绩。与《春蚕》、《多收了三五斗》等优秀短篇相比，罗淑小说的作用不在于震聋发聩，而在于以细腻的真实的笔调写出了四川农村广大劳动大众，尤其是农村下层妇女所遭受的苦难。作家以熟悉的生活和真切的感受为我们描绘了四川沱江上游真实的社会图画，我们由此可以认识和了解当地人民的习俗，人与人之间的关系。在四川，现代文学作家是很多的，他们以自己的业绩为中国现代文学做出了贡献，但无论是巴金、沙汀、艾芜还是李劼人、周文等，都不曾描写过沱江上游山地里穷苦人的生活，尤其罗淑笔下盐工的遭遇，更是他们作品中所缺少的。这是一个被遗忘的角落。罗淑向读者的展示，无疑是丰富了近代四川社会的画卷，她和其他一切乡土文学作家一样，在自己的作品里表现了我们民族和地方的特色，表现出“普遍性的与我们共同的对于命运的挣扎”。这样，由于罗淑把生活和文学真正结合为艺术，所以尽管她的作品不多，却具有永久的认识价值和美学价值。

历史是公正的，她不会忘记那些曾经留下坚实脚印的人们。“生命也不是在一瞬间就要灭亡的东西”。半个世纪过去了，人们仍然没有忘记罗淑为被侮辱与被损害者呼喊的声音。1980年，四川人民出版社将她的作品收入《罗淑选集》，并附录了巴金当年写的几个后记，以及李健吾、黎烈文和靳以等当年写的纪念罗淑的文章。同时，花城出版社也出版了罗淑短篇小说集《生人妻》。1981年，广东人民出版社征得著名作家巴金的同意，决定在他当年主编的《文学丛刊》一百六十册当中选印十册，巴金特地写信推荐了罗淑的小说集。

罗淑的小说创作丰富了中国现代文学的画廊，罗淑的辛勤劳动为中国新文学运动的发展做出了贡献。罗淑，是令人怀念的。

（原载1984年《沈阳师范学院学报》第1期）

著译年表、目录和研究文章目录索引

罗淑著译年表

棺材商人（小说，（俄）A·普希金著）
载1935年9月16日《译文》月刊第2卷第7期（终刊号），署名世弥译；
收入1937年2月生活书店版《普式庚研究》。

耶稣降生的槽边的牛和驴子（小说，（法）Superrille著）
载1935年12月16日《文学季刊》第2卷第4期，署名世弥译。

贝多芬笔谈（（法） R·罗兰著）
载1936年4月16日《译文》月刊新1卷第2期，署名世弥译。

白甲骑兵（小说，（法） P·玛尔格里特著）
载1936年6月16日《译文》月刊新1卷第4期，署名世弥译；
初收1947年10月上海文化生活出版社《白甲骑兵》。

决心（小说，（法） T·雷米著）
载1936年8月16日《译文》月刊新1卷第6期，署名世弥译。

生人妻（短篇小说）
载1936年9月1日《文季月刊》第1卷第4期，署名罗淑（以下凡未注明者，署名均为罗淑）；
初收1936年12月20日良友图书印刷公司版《短篇佳作集》。

桔子（短篇小说）
载1936年9月15日《作家》月刊第1卷第6号；
初收上海文化生活出版社版《生人妻》。

刘嫂（短篇小说）
载1936年9月20日《中流》半月刊第1卷第2期；
初收上海文化生活出版社版《生人妻》。

八月十三日的早晨（散文）
载1937年12月4日《群众》周刊第1期。

《流民三千万》观后感（散文）
载1937年12月20日新民报《国防文艺》周刊第4期。

谁在和谁打（散文）
载1938年1月1日《群众》周刊第5期。

在车厢里（散文）
载1938年1月6日《四川日报·文艺阵地》周刊第5期。

被难者（散文）
载1938年1月15日《群众》周刊第7期。

井工（短篇小说）
载1938年4月15日《文丛》第1卷第6号；
初收上海文化生活出版社版《生人妻》。

地上的一角（短篇小说）
载1938年7月20日《文丛》第2卷第5期；
初收1939年9月上海文化生活出版社版《地上的一角》。

阿牛（短篇小说）
初收1939年9月上海文化生活出版社版《地上的一角》。

鱼儿坳（短篇小说）
初收1941年8月上海文化生活出版社版《鱼儿坳》。

贼（短篇小说）
初收1941年8月上海文化生活出版社版《鱼儿坳》。

捞粪草（散文）
初收1941年8月上海文化生活出版社版《鱼儿坳》。

轿夫（散文）
原载1936年5月8日上海《进化》杂志创刊号；
初收1941年8月上海文化生活出版社版《鱼儿坳》。

弄堂里的叫卖声（散文）
初收1941年8月上海文化生活出版社版《鱼儿坳》。

切尔尼雪夫斯基（评传，（法）薇拉·司塔尔科瓦）
收入1950年3月平明出版社《何为》卷首。

罗淑著译目录

生人妻（短篇小说集）

上海文化生活出版社1938年8月初版。

列为“文学丛刊”第五集之一种，巴金作后记。

内收《生人妻》、《桔子》、《刘嫂》、《井工》。

附录：《纪念一个友人》（巴金作）、《关于罗淑》（黎烈文作）、《忆罗淑》（靳以作）。

人民文学出版社1964年6月出版新版本时，增加了《阿牛》、《地上的一角》两篇小说，附录和后记未收录。

广东人民出版社1981年4月出版文化生活出版社翻印本，内容全同。

地上的一角（短篇小说集）

上海文化生活出版社1939年9月初版。

列为“文学小丛刊”第一集之一种，巴金作后记。

内收《阿牛》、《地上的一角》。

鱼儿坳（短篇小说集）

上海文化生活出版社1941年8月初版。

列为“文学小丛刊”第三集之一种，巴金作后记。

内收《捞粪草》、《轿夫》、《弄堂里的叫卖声》、《鱼儿坳》、《贼》。

罗淑选集

四川人民出版社1980年10月初版。

内收小说：《生人妻》、《桔子》、《刘嫂》、《井工》、《阿牛》、《地上的一角》、《鱼儿坳》、《贼》。

内收散文：《捞粪草》、《轿夫》、《弄堂里的叫卖声》。

附录：《纪念一个友人》（巴金作）、《记罗淑》（李健吾作）、《关于罗淑》（黎烈文作）、《忆罗淑》（靳以作）、《关于母亲的点滴回忆》（马小弥作）、《〈生人妻〉后记》（巴金作）、《〈地上的一角〉后记》（巴金作）、《〈鱼儿坳〉后记》（巴金作）。

何为（长篇小说 （俄） 巧尔尼雪夫

斯基原著 （法） 薇拉·司塔尔科瓦节译 译者署名世弥）

上海文化生活出版社1936年4月初版。

列为“文化生活丛刊”第十一种，巴金作后记。

内收《自序》。

正文分第一部、第二部、第三部。

上海平明出版社1950年3月出版新印本，译者署名罗淑，列为“新译文丛刊”之一种。内容增加罗淑译《切尔尼雪夫斯基》（薇拉·司塔尔科瓦作）一文，其他同文化生活社本。

白甲骑兵（短篇小说 （法） P·玛尔格里特等著 译者署名罗淑）

上海文化生活出版社1947年10月出版。

列为“翻译小文库”第五种，巴金作后记。

内收《白甲骑兵》（法P·玛尔格里特）、《棺材商人》（俄 A·普式庚）、《耶稣降生的槽边的牛和驴子》（法Superrille）、《决心》（法T·雷米）、《贝多芬笔谈》（法R·罗兰）。

罗淑研究文章目录索引

（一）

《何为》后记（巴金）

收入《何为》单行本

《生人妻》后记（巴金）

载1938年8月1日《众生》第6号

《地上的一角》后记（巴金）

载1939年6月20日《鲁迅风》第16期

《鱼儿坳》后记（巴金）

收入《鱼儿坳》单行本

《白甲骑兵》后记（巴金）

收入《白甲骑兵》单行本

（二）

《中流》编后记

载1936年9月20日《中流》半月刊第1卷第2期

罗淑及其小说（毛一波）

载1941年3月7日成都《中央日报》

生人底气息（胡风）

收入1949年12月海燕书店出版《密云期风习小纪》

农村破产的影像（王瑶）

1953年7月新文艺出版社版《中国新文学史稿》第二编第八章

《中国文学》英文版译载《生人妻》、《桔子》的编者按（陈丹晨）

载1961年《中国文学》（英文版）第11期

罗淑和她的小说（毛一波）

载1980年台湾纯文学出版社出版《中国近代作家与作品》

“纯文学丛书·1·”

罗淑的《生人妻》（司马长风）

1978年12月香港昭明出版社出版《中国新文学史》第四
编第二十章

叶紫和“左联”后期的新人新作
1979年11月人民文学出版社版唐弢主编《中国现代文学史》
第十一章第二节。

一颗澄明的女性灵魂——读《罗淑选集》(竹之)
载1981年4月27日《成都日报》

怀念马宗融大哥(巴金)
载1982年《新观察》第6期

新版《罗淑选集》(杨玉峰)
载1981年5月21日香港《新晚报》

罗淑和她的作品(彭妙艳)
载1981年6月7日《中国青年报》

罗淑及其《生人妻》(云之)
载1981年10月15日香港《新晚报》

罗淑创作简论(翟大炳)
载1982年《成都大学学报》第1期

清清流水是爱神——罗淑故居散记(胡其云)
载1982年四川简阳《棉乡》第9期

一颗早殒的新星(唐炳国)
——四川女作家罗淑点滴介绍
载1982年《文谭》月刊9月号

两篇题材相同特色各异的小说
——《为奴隶的母亲》和《生人妻》之比较(杜秀华)
载1982年9月《沈阳师范学院学报》第3期

罗淑创作简论(董剑)
载1983年5月15日四川《社会科学研究》第3期

试论《为奴隶的母亲》与《生人妻》(文天行)
载1983年5月15日四川《社会科学研究》第3期

民主的思想真实的形象
——谈《一生》、《祝福》、《为奴隶的母亲》
和《生人妻》中的劳动妇女形象(陆莹)
载1983年6月《中国现代文学研究》丛刊第2辑

论罗淑的创作(尤敏　屈毓秀)
载1983年《抗战文艺研究》第3期

罗淑在成都读书的点滴情况(文天行)
摘自成都第一女师旧档案

一幅血泪斑斑的人生图画——读罗淑的《生人妻》(吕福田)
载1983年10月15日黑龙江省《文艺评论报》

罗淑和她的作品(刘中桥)
载1983年11月《书林》第6期

第一个写盐工生活的女作家(刘中桥)
载1983年10月《简阳志林》

新发现的罗淑的两个短篇(艾以)
载1984年《抗战文艺研究》第1期

一颗早殒的新星——罗淑(艾以)
载1984年3月22日《文学报》

罗淑和她的小说创作(周音)
载1984年《沈阳师范学院社会科学学报》第1期

读罗淑的两个短篇(艾以)
载1984年7月《当代文坛》第7期

显示了真实朴素的本色美(曾庆瑞 赵遐秋)
载《中国现代小说 40 家札记》,漓江出版社1985年版

试论罗淑的《生人妻》(也斯)
载《书与城市》,香港香江出版公司1985年版

罗淑和她的《生人妻》(沙汀)
载1985年12月《读书》

罗淑生平和创作的一些补充(刘传辉)
载1985年《抗战文艺研究》第2期

表现了中国革命的深入发展
——《中国现代小说史》第十七章第二节摘录(赵遐秋 曾庆瑞)
载1986年7月中国人民大学出版社版《中国现代小说史》下册

罗淑(李定舟)
载1986年7月四川社会科学院出版社四川省地方志资料丛书《四川近现代人物传》第二辑

为了不能遗忘的纪念
——写在现代女作家罗淑纪念室开幕之时(李致 严肃)
载1986年9月28日《四川日报》

谈罗淑的思想
——写在罗淑纪念室开幕之时(艾芜)
载1986年10月5日《四川日报》

罗淑及其《生人妻》(上允)
载1987年3月24日香港《文汇报》

论罗淑
——兼及中国现代文学发展演变的若干轨迹（樊骏）

（三）

罗淑死了（消息）
载1938年3月1日《华西日报》

世弥之死（天裔）
载1938年3月6日《华西日报》

记世弥（一波）
载1938年3月7日《华西日报》

罗淑死了（谦弟）
载1938年3月7日《华西日报》

悼罗淑先生（沙汀）
载1938年3月7日《华西日报》

生与死——为追悼世弥而作（先忧）
载1938年3月7日《华西日报》

殡（毛一波）
载1938年3月6日《华西日报》

悼罗淑女士（周文）
载1938年3月6日《华西日报》

哭罗世弥女士（诗）（毛一波）
载1938年3月7日《华西日报》

纪念一个友人（巴金）
载1938年6月5日《文丛》第2卷第2号

关于罗淑（黎烈文）
载1938年6月5日《文丛》第2卷第2号

忆罗淑（靳以）
载1938年6月5日《文丛》第2卷第2号

记罗淑（李健吾）
载1946年7月1日《文艺复兴》月刊第1卷第6期

关于母亲的点滴回忆（马小弥）
载1980年10月四川人民出版社《罗淑选集》

罗淑年谱（艾以）
载1983年《成都大学学报》第2期

罗淑小记（马小弥）
载1983年8月22日《新文学史料》第3期

一个不该被遗忘的女作家——罗淑（艾以）
载1983年5月15日四川《社会科学研究》第3期

关于罗淑的点滴情况（胡其云）

载1983年6月15日《抗战文艺研究》第3期

一位不该被遗忘的作家——罗淑（万本根）

载1983年8月23日《人民日报·文艺评论》

抗战前后的罗淑（艾以）

载1983年《沱江文艺》第4期

编 后 记

罗淑是30年代中期在中国文坛上出现的一颗文学新星，她的一生极为短暂，而她的创作活动就更是昙花一现了。从1936年9月发表她的第一篇处女作《生人妻》到1938年2月在成都不幸病逝，前后不到两年。她一生的全部作品，除少量翻译作品外，仅8个短篇和8篇散文，共计10万字。

四川《社会科学研究》1983年第3期在发表三篇有关评论罗淑及其作品的文章时，曾在“编者按”中指出：“罗淑是30年代一位有影响的四川女青年作家。由于逝世过早，迄今很少为人所知；在解放后出版的各种现代文学史中，对她的作品亦较少论及。”据我们所知，国内在解放后出版的现代文学史著作中，仅见50年代出版的王瑶的《中国新文学史稿》和近年出版的唐弢主编的《中国现代文学史》对罗淑及其作品有过论述，因此，我们节录了这两部文学史论著中的有关章节。同时，由于过去的有关评论特别是像胡风写于1936年的那样有质量的评论不多，所以我们特约樊骏同志为本书撰写了一篇全面系统地评论罗淑及其创作的文章，并将近几年见诸于报刊的有关评论尽可能多收录一些。

由于罗淑早逝，我们今天搜集编辑她的作品研究资料，遇到不少困难，幸而我们在进行这项工作的过程中，得到了巴金同志的关心和帮助。本书影印的《何为》译文手稿，也是巴金同志提供的。

马小弥同志为这个专集的编辑也做了不少工作。她提供了罗淑生前的几幅照片，还应约写了一篇传记性的文章，其中有不少第一手材料。

四川大学中文系的刘传辉同志为我们查找到了罗淑的三篇佚文：《〈流民三千万〉观后感》、《谁在和谁打》和《在车厢里》。

四川省图书馆书目参考部和重庆市图书馆的同志们热情地为我们查找有关资料，如《八月十三日的早晨》和《被难者》等散文，就是他们查出来的。这几篇散文是罗淑于1937年冬回成都后，抱病为几家报纸写的，大都写的是上海人民在日本鬼子铁蹄下的苦难和抗争。就罗淑的全部作品而言，写的几乎都是家乡简阳的农村题材，只有这几篇散文是写抗日战争的，而且又是当时最直接迅速地反映“八·一三”战争的文学作品。但是由于发表在战乱时期，罗淑的这几篇散文却很少为世人所知。因此，这一发现，很是珍贵的。

（艾以执笔）